꿈으로 풀어보는
미래의 운명은 감지할 수 있다

꿈해몽법

圖書
出版 恩 光 社

■ 꿈에 대한 해설 ■

　꿈을 한 마디로 요약해서 정의할 수는 없는 일이다. 누구나 알고 있는 이 모든 꿈에 공통된 한 가지의 확실한 것은, 꿈을 꾸고 있을 때는 자고 있다는 것이다.

　꿈을 꾸고 있음은 분명히 수면 중의 시간이며 깨어 있을 때의 생각과는 차이가 있는 것이다. 그렇다고 전혀 관계가 없는 건 아니다. 우리는 흔히 잠자기 전에 무언가를 골몰히 생각하면 그것과 관계되는 것이 꿈 속에 나타난다는 말을 들었을 것이고 실제로 체험을 하기도 했을 것이다.

　이것은 실생활과 꿈 사이에 떨칠 수 없는 어떤 관계가 맺어지고 있다는 걸 증명할 수 있는 사실이다.

　그러한 꿈을 거의 매일 밤 꾸는 사람도 있고 열흘에 한 번, 혹은 한 달에 한 번 꾸는 사람도 있다. 또한 꿈의 종류도 각양각색이어서 딱 잘라 몇 가지라고 단언할 수는 없는 것이다. 크게 요약해 본다면, 황홀한 꿈, 슬픈 꿈, 즐거운 꿈, 기괴한 꿈, 무서운 꿈 등 세부적으로는 설명할 수 없는 꿈들이 있다.

　이 모든 종류의 꿈을 종합해서 정신 분석학의 창시자인 프로이드는 일종의 신경증으로 보았다. 즉, 꿈 그 자체가 하나의 신경증적 현상이며 실착행위(失錯行爲)라고 하였다.

　그의 이 정의는 정신분석적 연구의 대상으로서 말하고 있는 것이지만 결코 비과학적이 아니라는 뜻도 포함하고 있다. 현대의 감각에 맞추어 살아가고 있노라고 자부하는 젊은이들은 해몽이라고 하면 비웃음으로 일소해 버리지만 그것은 크게 잘못된 현상이다. 한 예를 들자면 몇 십만 대 일의 비율을 가지고 있는 복권 당첨들이 거의 공통된 꿈을 꾸고 복권을 샀다는 게 실질적으로 증명되고 있기도 하다.

차   례

제 1 장
신체에 관한 꿈

1) 얼   굴

◇ 자기의 얼굴은 물론 남의 얼굴까지도 검게 보이는 꿈은 / 평소 꺼려하던 사람과 만나거나 거래 등을 하게 된다.

◇ 얼굴과 얼굴이 겹쳐지는 꿈은 / 서로 다른 상표의 선물을 받거나 집안의 가구 등을 옮기게 된다.

◇ 얼굴이 검은 아이를 본 꿈은 / 누구나 싫어하는 일을 떠맡게 된다.

◇ 얼굴 부위를 치료하거나 수술한 꿈은 / 자신의 주위에서 무언가 옮겨지는 일을 행하게 된다. 즉 문패를 새로 갈아 단다든지 방문을 다시 고쳐단다든지 등의 일을 하게 된다.

◇ 얼굴 전체를 붕대로 감은 사람을 본 꿈은 / 누구에게 사기를 당하거나 불의의 사고를 당하게 된다.

◇ 얼굴이 거울에 맑게 비치는 꿈은 / 예기치 않았던 사람을 만나거나 소식을 전해듣게 된다.

◇ 깨끗하게 세수를 한 꿈은 / 승진을 하거나 쌓였던 걱정거리가 없어지게 된다.

◇ 얼굴의 한 부분을 수술하는 꿈은 / 관직에 있는 사람에 의해서 심문을 받거나 고문을 받게 된다.

◇ 얼굴에 주사를 맞는 꿈은 / 직장이나 집안일에 변화가 있게 된다.

◇ 얼굴에 부스럼이나 종기가 나는 꿈은 / 자신이 한 행동이나 일들이 남의 입에 오르내려 구설수에 휘말리게 된다.

◇ 얼굴을 가린 사람을 만난 꿈은 / 전혀 신분을 모르는 사람으로부터 폭행 등의 피해를 당하게 된다.

2) 이 빨

◇ 이빨이 부러지는 꿈은 / 어떤 병에 걸리거나 하는 사업에 지장이 있을 징조이다.

◇ 앓던 이빨이 빠지는 꿈은 / 병중에 있던 환자가 사망을 하거나 자기가 부리던 직원이 사표를 내고 퇴사하게 된다.

◇ 거울을 통해서 자신의 덧니를 보게 된 꿈은 / 부인 이외의 여자와 관계를 갖거나 사업상의 동업자가 나타나게 된다.

◇ 남의 이빨이 빠져 흐르는 피를 본 꿈은 / 자기에게 방해가 됐던 사람이 사망하거나 사직을 당해 자신에겐 큰 이득이 되는 일이 생긴다.

◇ 이빨 하나가 빠지는 꿈은 / 일가친척 중의 한 사람이 죽거나 아니면 이별을 하게 되며 자기 주위의 이로웠던 사람과도 헤어지게 된다.

◇ 어린이의 이빨이 새로 나는 것을 본 꿈은 / 소원이 성취되거나 그간 부족했던 것이 채워지게 된다.

◇ **윗이빨 중의 하나가 빠지는 꿈은** / 윗사람 중의 한명에게 변동이 생기게 되며 아랫이는 아랫사람, 어금니는 친척, 덧니는 사위나 양자 정도와 관계가 있는 것이다.

◇ **이빨이 검고 누렇게 변하는 꿈은** / 집안이나 직장 등에서 좋지 않은 일이 발생하게 된다.

◇ **이빨을 뽑았는데 허전함을 느꼈던 꿈은** / 세상에 자기 혼자 있는 것 같은 고독감을 맛볼 일이 생기게 된다.

◇ **이빨이 하나도 남김없이 빠져버린 꿈은** / 자신이 하고 있는 일 전체에 큰 변화가 생긴다.

◇ **이빨의 일부가 빠진 꿈은** / 자신이 하고 있는 일의 일부분에 변화가 생기게 된다.

◇ **자기도 모르는 사이에 이빨이 빠지는 꿈은** / 평소 존경하던 사람이 죽게 되거나 좋지 않은 소식을 듣게 된다.

◇ **빠진 이빨 대신 물리적인 이빨을 해 넣은 꿈은** / 관계없던 사람과 만나 친분을 맺게 된다.

◇ **해넣은 이빨이 밝게 빛나는 꿈은** / 능력 있는 직원을 얻거나 훌륭한 사람과 관계하게 된다.

3) 성 기

◇ **이성이 성기를 보여준 꿈은** / 사업상 유혹을 받을 일이 있거나 자신의 실력을 자랑할 일이 생긴다.

◇ **남자가 여자의 성기를 만지는 꿈은** / 동업자가 생겨 사업을 같이 하거나 남의 물건을 감정할 일이 생긴다.

◇ 자신의 성기를 꺼내놓고 자랑하는 꿈은 / 자기의 작품성이 있는 물건이나 자식을 자랑할 일이 생긴다.

◇ 전혀 꺼리낌이 없이 사람들에게 자신의 성기를 꺼내보이는 꿈은 / 자기가 만든 물건이나 자식들을 남 앞에서 자신만만하게 자랑할 일이 생긴다.

◇ 강한 성욕을 느꼈으면서도 성교를 하지 못한 꿈은 / 하는 일이 심하게 꼬이고 자식이 대들 일이 생긴다.

◇ 남의 성기가 굉장히 커보였는데 알고 보니 모조품이었다는 사실을 알게 된 꿈은 / 누구에게 감언이설로 속았던 사실을 깨닫게 되거나 어떤 물건에 대해 과대평가했던 걸 비로소 깨닫게 된다.

◇ 남자는 여자, 여자는 남자의 성기가 유난히 훌륭하다고 생각하며 최상의 성교를 한 꿈은 / 자신이 어떤 일을 했을 때 주위로부터 칭찬을 받는다.

◇ 남자가 여성기를 달고 있는 꿈은 / 활동적인 사업을 벌이거나, 현재 벌이고 있는 상태라면 좋은 결과를 얻게 된다.

◇ 여자가 소변보는 모습을 감상한 꿈은 / 경쟁자에게 뒤떨어지거나, 경쟁을 했던 사람이 크게 성공하자 패배의식에 빠져 몹시 괴로워하게 된다.

◇ 여자가 남성의 성기를 만지작거리는 꿈은 / 가까운 사람들로 인하여 정신적으로 괴로움을 당하게 된다.

◇ 남이 자신의 성기를 볼까봐 고심한 꿈은 / 자신이 했던 일에 심한 부끄러움을 느끼며 의기소침해질 일이 생긴다.

◇ 여자가 남성의 성기 두개를 놓고 비교검토한 꿈은 / 모든 일에 자신을 포함한 삼각관계가 형성돼 쉽게 단안을 내리지 못할 일이 생긴다.

◇ 노력을 하는데도 성기가 발기불능이 돼 초조해하는 꿈은 / 하고

있는 일에 대해 애착이 가지 않으며 결국은 실패하게 된다.

⊠ **남의 성기와 자신의 성기를 비교한 꿈은** / 매사의 모든 일을 남이 하는 일과 비교할 일이 생기며 내 자식과 남의 자식을 비교할 일이 생긴다.

4) 알 몸

⊠ **상반신을 벗고 일을 한 꿈은** / 무슨 일을 하든 윗사람으로부터 협조를 받지 못한다.

⊠ **하반신을 벗고 일을 한 꿈은** / 무슨 일을 하든 아랫사람에게 협조를 받지 못한다.

⊠ **홀딱쇼를 구경한 꿈은** / 자신과는 전혀 무관한 싸움구경을 하게 된다.

⊠ **거울을 앞에 놓고 옷을 모두 벗는 꿈은** / 몹시 반가운 사람을 만나는데 그사람으로부터 신세한탄을 듣게 된다.

⊠ **벌거숭이가 됐는데 그 알몸을 가리지 못해 몹시 당황해 한 꿈은** / 사업상의 일로 자신을 도와줄 사람이 없어 애태우게 된다.

⊠ **옷을 벗은채로 꼿꼿이 서서 대소변을 보면서도 전혀 부끄럽게 생각하지 않은 꿈은** / 자기만이 간직하고 있던 좋지않은 비밀을 누구에겐가 털어놓고 후련한 마음을 갖게 된다.

⊠ **옷을 말쑥하게 입고 있는 꿈은** / 하는 일 모두가 순조로워서 거리낄 것이 없다.

⊠ **알몸인 상태로 성교를 한 꿈은** / 사업 등의 일로 인한 대인관계에서 감추어야 할 일이 전혀 생기지 않는다.

◻ 옷을 벗었는데도 부끄럽지 않은 꿈은 / 자신과 관계된 모든 일을 추호도 숨김이 없이 만인에게 공개하게 된다.

◻ 옷을 벗고 몹시 부끄러워 한 꿈은 / 지금껏 숨겨왔던 일이 탄로날까봐 조마조마해 하거나, 숨겼던 일이 탄로나 창피를 당하게 된다.

◻ 목욕을 하기 위해서 옷을 벗는 꿈은 / 무슨 일을 하든 정직하게 행해서 감출 것이 없게 된다.

◻ 자신의 알몸에 자신이 도취된 꿈은 / 남이 자신을 우러러볼 일이 생기며 알게 모르게 형제들의 도움을 받는다.

◻ 몸의 일부를 노출시키는 꿈은 / 믿었던 곳이 줄어들거나 과시할 일, 공개할 일 등이 줄을 잇는다.

◻ 화가 앞에서 알몸인 채로 모델이 되는 꿈은 / 철학에 관계된 사람에게 자신의 운세를 상담할 일이 생긴다.

◻ 속옷만 입고 움직인 꿈은 / 신분의 보장을 받지 못하게 되거나 심한 고독감에 빠지게 된다.

5) 머리 · 목 · 어깨

◻ 남에게 머리를 숙인 꿈은 / 누구에게 복종할 일이 생긴다.

◻ 남이 자신에게 머리를 숙인 꿈은 / 자기가 주장하는 일을 많은 사람들이 받아들인다.

◻ 여러 개의 동물 머리가 한곳에 붙어 있는 꿈은 / 한 단체에 두 가지의 사상이나 이념이 있어 두 파로 갈라져 있음을 뜻한다.

◻ 잘린 머리를 천정에 매단 꿈은 / 곧 처리해야 할 급한 일, 다른 부서에 부탁할 일니 생긴다.

◇ 맹수의 머리를 구하는 꿈은 / 진행중인 큰 일이 성사되거나 권리와 명예를 한꺼번에 얻을 수 있다.

◇ 전쟁에서 적장의 머리를 얻거나 본 꿈은 / 대사가 순조롭게 성취되며 권리와 명예도 동시에 얻는다.

◇ 동물이나 사람의 머리에게 쫓기는 꿈은 / 하는 일이 심하게 꼬여 정신적으로도 큰 괴로움을 받는다.

◇ 자기의 머리가 짐승의 머리로 변한 꿈은 / 어떤 단체나 모임 등에서 우두머리직을 맡게 된다.

◇ 자신의 뒤통수를 본 꿈은 / 자신의 이력 등 모든 관계를 재검토할 일이 생긴다.

◇ 상대방의 뒤통수를 본 꿈은 / 다른 사람에게 무슨 일을 시키면 자기 뜻대로 잘 들어준다.

◇ 누구의 뒤통수를 때린 꿈은 / 꿈 속에 나타났던 사람의 모든 걸 들추어내는데 어려움이 없으며 쉽게 벌을 줄 수 있다.

◇ 누군가의 목을 때린 꿈은 / 부정을 저지른 사람에게 죄상을 추궁하게 된다.

◇ 누군가의 목을 때려서 죽인 꿈은 / 시험을 치면 수석으로 합격하며 일을 벌이면 성취할 수 있다.

◇ 어떤 물건이 목에 걸려 호흡이 곤란한 꿈은 / 누구에게 부탁한 일이 잘 성사되지 않으며, 받아먹은 뇌물 때문에 말썽이 생긴다.

◇ 자신의 목에 누군가가 목말을 탄 꿈은 / 남에게 심한 간섭을 받게 된다.

◇ 자신이 남의 목에 목말을 타는 꿈은 / 여러 사람의 추대를 받아 높은 지위에 오르게 된다.

◇ 누구에겐가 목을 졸리은 꿈은 / 하는 사업이 누구에겐가의 방해를

받아 중단되거나 심한 어려움을 겪게 된다.

◇ 목에 낀 때를 깨끗이 씻는 꿈은 / 혼자서 뒤집어썼던 누명이 벗어 지게 된다.

◇ 목구멍의 가래를 뱉아내는 꿈은 / 막혔던 일이 술술 풀리고 원했 던 것을 이룰 수가 있다.

◇ 목을 송곳에 찔린 꿈은 / 편도선과 관련된 병으로 한동안 고생하 게 된다.

◇ 어깨에 붙인 견장이 밝게 빛나는 꿈은 / 남들 앞에서 권력을 뽐내 게 되며 막중한 자리에 앉게 된다.

6) 항문 · 엉덩이

◇ 항문에 값비싼 패물을 감추는 꿈은 / 아무도 모르게 돈 따위의 귀 중품을 빼돌릴 일이 생긴다.

◇ 항문으로 삐져나온 창자를 깨끗이 닦아서 다시 밀어넣는 꿈은 / 자신이 벌여놓은 사업 등의 일에 마무리를 해야 할 일이 생긴다.

◇ 배설하는 소를 본 꿈은 / 부정을 하는 현장을 목격하게 된다.

◇ 뒤에서 여자를 안고 성교하는 꿈은 / 믿고 의지하던 사람과 상의 할 일이 생기거나 상품 거래, 부동산 등 계약할 일이 생긴다.

◇ 여자의 엉덩이를 똑똑히 본 꿈은 / 전혀 예기치 않았던 좋지 않은 일을 당하게 된다.

◇ 여자의 엉덩이를 손바닥으로 때린 꿈은 / 집을 지을 때 기초를 잘 못 다듬었으며 무슨 일을 하든 하단부에서 실수를 저지르게 된다.

7) 털 · 머리카락

◎ 털이 난 남의 몸을 본 꿈은 / 거래상 만난 사람이 솔직한 얘기를 하지 않으며 그것으로 인하여 싸움을 하게 된다.

◎ 뱃속에 들어있는 털을 꺼낸 꿈은 / 타지방으로 가 있어서 만나기 어려웠던 친척이나 가까운 사람이 갑자기 돌아온다.

◎ 누군가 머리를 감고 단정하게 빗는 것을 본 꿈은 / 자기 자신에게 자해를 하거나, 내가 잘못된 것을 남이 좋아하는 일을 당하게 된다.

◎ 몸에 원숭이처럼 털이 나있는 꿈은 / 어떤 단체의 우두머리로 추대되거나 많은 사람들에게서 도움을 받는다.

◎ 눈썹이나 수염 등 몸에 난 털을 깎은 꿈은 / 집안이나 가까운 사람 등의 누군가가 죽게 되며 망신당할 일이 생긴다.

◎ 머리를 빗을 때 머리에서 비듬 등이 눈처럼 많이 쏟아지는 꿈은 / 지금까지 꼬이기만 하던 일이 봇물이 터지듯 일시에 풀리게 된다.

◎ 머리카락이 실뭉치처럼 엉켜서 빗기가 어려운 꿈은 / 걱정거리가 생기며 하고 있는 일도 잘 풀리지 않는다.

◎ 눈썹이 하얗게 변한 꿈은 / 어떤 모임에서든 높은 중책을 맡아 보게 된다.

◎ 눈썹이 머리카락처럼 길게 난 꿈은 / 어떤 형태로든 금전적인 이익을 얻게 된다.

◎ 머리를 빡빡 깎은 여자의 꿈은 / 믿고 의지하던 사람과 헤어지게 된다.

◎ 누군가가 강제로 자기의 머리를 깎은 꿈은 / 직계가족 누군가가 해를 입게 된다.

◇ 멋을 내기 위해 머리를 깎거나 손질한 꿈은 / 갈망하고 있던 소원이 이루어지거나 뜻하지 않았던 기쁜 소식을 듣게 된다.

◇ 머리를 감거나 말쑥하게 빗은 꿈은 / 걱정하던 일이 잘 풀리고 멀리서 반가운 손님이 온다.

◇ 머리를 깎거나 면도를 한 꿈은 / 속시원한 일이 생기거나 무슨 일을 해도 만족스럽다.

◇ 눈가에 털이 많이 난 꿈은 / 허풍장이와 동업을 하게 된다.

◇ 긴 머리의 처녀나 총각을 본 꿈은 / 고집이 조금 세긴 하지만 무슨 일에든 정열적이고 솔선수범하는 협력자를 만난다.

◇ 이발소에 갔는데 자기보다 앞서 이발을 하고 있는 사람을 본 꿈은 / 회사나 어떤 단체에서 동료가 자기보다 먼저 승진을 하게 된다.

◇ 백발인 사람들이 여러명 모여 음식을 먹고 있는 광경을 본 꿈은 / 걱정거리가 생겨 괴로워하는 사람들을 만나게 된다.

8) 혀 · 입

◇ 혀가 두 개인 사람을 본 꿈은 / 거짓말을 잘 하는 사람과 사귀게 된다.

◇ 여자의 음부에 혀가 달린 것을 본 꿈은 / 사람들 앞에서 자기 주장을 과장되게 했다가 철회하게 된다.

◇ 입이 몹시 큰 사람을 만난 꿈은 / 재산이 많은 부자나 권력가 등 유명인사와 만나게 된다.

◇ 여러 가지의 물건을 한꺼번에 삼킨 꿈은 / 회사나 집안에 집기나 가재도구 등을 들여놓게 된다,

◇ 입을 벌렸는데 속에서 벌레가 나온 꿈은 / 근심걱정이 없어지고 무슨 일이든 만사 형통한다.

9) 손·팔·다리·발

◇ 열 손가락을 모두 사용하여 무슨 일을 했던 꿈은 / 많은 사람들이 함께 임해야 하는 일이 생긴다.

◇ 오른손을 사용하여 무슨 일을 한 꿈은 / 누구보다도 정의롭고 옳은 일을 하게 된다.

◇ 왼손을 사용하여 무슨 일을 한 꿈은 / 옳지 못한 일에 협조하고 또는 직접 일을 저지르게 된다.

◇ 의자에 앉아서 자기의 손을 본 꿈은 / 중요한 물건을 잃어버리거나 누구에겐가 모함을 받는다.

◇ 한 사람에게 여러개의 팔이 달린 것을 본 꿈은 / 많은 부하를 거느린 우두머리 격의 사람과 만나게 된다.

◇ 팔이 부러진 꿈은 / 지금껏 쌓아올렸던 세력이 깨어지거나 협조자와도 헤어지게 된다.

◇ 빠진 손목을 다시 맞춘 꿈은 / 사업상 동거동락했던 사람과 당분간 헤어질 일이 생긴다.

◇ 발바닥에서 피가 난 꿈은 / 아랫사람에게 재물상의 손해를 입게 된다.

◇ 허벅지에 총알이 박힌 꿈은 / 경쟁자에게 져서 승복을 하게 되고 그의 뜻에 따르게 된다.

◇ 다리가 천근이나 되는 것처럼 무거워서 걸을 수가 없었던 꿈은 /

자기 자신이나 직계가족에게 병이 생기거나 사업 등 모든 일이 순조롭게 진행되지 않는다.

◎ **허벅지에 총알을 맞은 처녀의 꿈은** / 혼담이 이루어진다.

◎ **학생이 허벅지에 총알을 맞은 꿈은** / 입학시험 등 각종 시험에 합격하게 된다.

◎ **유부녀가 허벅지에 총알을 맞은 꿈은** / 임신을 하게 된다.

◎ **어느 한쪽다리에 상처를 입은 꿈은** / 자신의 지난날을 평가받을 일이 생기거나 자기를 도와주던 사람이나 자손이 어떤 해를 당하게 된다.

◎ **발바닥에 빨간 물감이나 남이 흘린 피가 묻은 꿈은** / 남이 자기의 일거리를 빼앗아가거나 사업에 심한 간섭을 받게 된다.

10) 눈 · 코 · 귀

◎ **눈이 애꾸인 사람을 본 꿈은** / 균형이 잡히지 않은 일에 부딪히거나 편파적인 사람과 만나게 된다.

◎ **자기가 봉사였는데 눈을 뜬 꿈은** / 막혔던 운세가 한꺼번에 트이게 된다.

◎ **장님이었던 사람이 눈을 뜬 것을 본 꿈은** / 무슨 일을 하든지 심한 반대에 부딪혀 어려움을 겪게 된다.

◎ **눈병을 얻은 꿈은** / 사업이 잘 풀리지 않아서 고통을 받거나 집안에 좋지 않은 일이 일어나게 된다.

◎ **눈빛이 희미하고 광채기 없는 사람을 본 꿈은** / 소견이 좁은 사람과 사귀게 된다.

◇ **갑자기 장님이 되어 버린 꿈은** / 하는 일이 꼬이게 되고 그로 인하여 절망에 빠지게 된다.

◇ **눈빛이 유난히 빛나는 사람을 만난 꿈은** / 특출한 능력을 겸비한 사람을 만나게 된다.

◇ **눈에 티가 들어갔는데 그것을 뽑아낸 꿈은** / 누구에겐가 부탁한 일이 좋게 해결되며 하는 일이 번창하게 된다.

◇ **코가 유난히 큰 사람을 본 꿈은** / 물질 등 모든 면에서 풍요로운 사람과 접촉할 일이 생긴다.

◇ **코가 유난히 작은 사람을 본 꿈은** / 사회적인 지위가 낮거나 가난한 사람과 관계할 일이 생긴다.

◇ **병원에 가서 자주 코를 푼 꿈은** / 관공서 등에 갈 일이 생기며 그곳에서 자기의 주장을 내세울 일이 생긴다.

◇ **코를 다치게 된 꿈은** / 남과 크게 싸울 일이 생기거나 누구로부터 중상모략을 입게 된다.

◇ **빨간 점이 있는 자기의 코를 본 꿈은** / 어떤 일에 성공을 해서 남으로부터 우러러보이게 된다.

◇ **코를 치료받거나 수술받는 꿈은** / 자신이 하는 일과 관계되는 기관에서 간섭을 하게 된다.

◇ **코가 없어져버린 꿈은** / 힘들여 쌓아올렸던 명예, 권세 등이 실추될 일과 접하게 된다.

◇ **누군가를 만났는데 그의 코가 무척 커보인 꿈은** / 사회적으로 존경을 받을만한 사람과 상대할 일이 생긴다.

◇ **코에 상처가 났는데 그 부위가 곪은 꿈은** / 숨겼던 비밀이 폭로되거나 내세웠던 자존심이 깎이게 된다.

◇ **사람의 귀가 짐승의 귀로 바뀌어서 보이는 꿈은** / 꿈속에서 본 사

람에게 모함을 당하거나 그 사람에 의해 손해를 입게 된다.

◈ **사람들의 귀가 부처님처럼 크고 복스러워 보인 꿈은** / 누구에게 무슨 일을 부탁하든 선선히 승낙을 받게 된다.

◈ **갑자기 귀머거리가 돼버린 꿈은** / 기다리던 소식이 끝내 오지않게 되고 누구에겐가 소식을 전하려 했던 일도 근기하게 된다.

◈ **상대방의 귀가 유난히 탐스러워 보인 꿈은** / 자신에게 호의를 갖고 접근하는 사람이 갑부일 가능성이 크다.

◈ **남의 귀를 잘라버린 꿈은** / 원만하던 사이의 사람과 싸울 일이 생기고 그로 인해 자신이 손해를 보게 된다.

◈ **여러 갈래로 찢어진 귀를 달고 다니는 사람을 본 꿈은** / 꿈 속에서 봤던 사람에 의해 물질적인 손해를 입거나 정신적으로 큰 피해를 입게 된다.

11) 등 · 배 · 유방 · 가슴

◈ **누구에겐가 업힌 꿈은** / 무엇이든지 믿고 맡길 수 있는 사람과 접하게 된다.

◈ **차를 탄 사람의 등을 본 꿈은** / 자신의 뜻에 무조건 복종하는 사람을 만나게 된다.

◈ **누군가의 배를 갈라 죽인 꿈은** / 하고 있는 사업이 성공을 거두고 숨기고 있었던 무엇인가를 만천하에 공개할 일이 생긴다.

◈ **배가 무척 부른 임산부를 본 꿈은** / 뜻하지 않았던 재물이 생기거나 기발한 아이디어가 떠올라 응용할 수 있게 된다.

◈ **배를 가르고 내장을 꺼낸 꿈은** / 어떤 일의 세일 중요한 일을 맡

아 하거나 또는 그 일을 감독, 관리하게 된다.

◇ 유방이 드러난 그림이나 사진, 조각품 등을 본 꿈은 / 멀리 떨어져 있는 사람의 소식을 듣거나 사진, 편지 등을 받게 된다.

◇ 여자의 유방을 거칠게 애무한 꿈은 / 직계가족이나 가까운 사람과 싸울 일이 생기며 부모에게 불효한 일까지 겹친다.

◇ 유난히 큰 여자의 유방을 봤는데도 성적 충동이 전혀 일지 않았던 꿈은 / 오래 떨어져 있던 형제·자매를 만나거나 어떤 소식을 듣게 된다.

◇ 어린아이가 아닌데도 어머니의 젖을 빨아먹은 꿈은 / 조상의 유산을 물려받거나 뜻하지 않은 금전적 도움을 받을 일이 생긴다.

◇ 어린아이가 자기의 젖을 빨아먹은 꿈은 / 자본을 투자하면 그만한 성과를 볼 일과 접하게 된다.

◇ 처음 본 여자에게 칼로 가슴을 찔린 꿈은 / 무슨 병엔가 걸려 수술할 일이 생긴다.

◇ 가슴을 풀어헤친 여자를 본 꿈은 / 가까운 사람 중 누군가가 위험에 직면하게 되고 그 위험을 처리해주게 된다.

◇ 가슴에 훈장을 단 자신의 사진을 본 꿈은 / 자기가 발표한 작품에 대해 좋은 평가를 받게 된다.

◇ 괴한이 가슴에 압박을 가해 몹시 괴로워했던 꿈은 / 질병에 걸리거나 가까운 사람이 괴로움에 시달리게 된다.

◇ 가슴에 훈장을 단 꿈은 / 많은 사람들에게 자신의 솜씨나 실력을 과시할 일이 생긴다.

◇ 누군가의 가슴을 강하게 때리거나 칼로 찌른 꿈은 / 경쟁자의 사업체나 하는 일의 중심부에 타격을 주어 자기의 하는 일이 이득을 보게 된다.

제 2 장
동물에 관한 꿈

1) 돼 지

◇ 돼지를 파는 꿈은 / 자기 소유의 물건을 잃어버리거나 남에게 일거리를 빼앗기게 된다.

◇ 돼지고기를 상식 이상으로 많이 사는 꿈은 / 뜻하지 않은 많은 재물을 얻게 된다.

◇ 돼지새끼를 사는 꿈은 / 적은 돈을 얻지만 그 돈을 이용하여 큰 재물을 만들 수 있다.

◇ 돼지와 방에서 싸우다 돼지의 목을 누르는 꿈은 / 사업을 일으키거나 재물을 소유하며 경쟁, 재판 등의 시비가 있으나 승리한다.

◇ 멧돼지를 잡는 꿈은 / 대학입학, 고시합격, 권리확보 등이 뜻대로 성사된다.

◇ 돼지고기를 먹은 꿈은 / 따분하고 답답한 일에 종사하게 된다.

◇ 돼지새끼를 쓰다듬은 후 아이를 낳은 꿈은 / 이것이 태몽이라면 재물이 많은 자식을 낳겠지만 그 자식으로 인해서 마음 고생을 한다.

◇ 돼지 한 마리가 갑자기 여러 마리로 변하는 꿈은 / 재물이 생기며

사업이 번창한다. 연구하는 직업을 가진 사람은 좋은 결실을 맺게 된다.

◪ 돼지머리를 제사상에 올려 놓은 꿈은 / 자신의 작품 등을 제3자에게 칭찬받거나 누구에겐가 물질적인 보답을 받게 된다.

◪ 돼지를 차에 가득하게 실어다 우리에 넣은 꿈은 / 뜻하지 않은 재물이 들어 온다.

◪ 황소만한 돼지가 가는 곳마다 따라오는 꿈은 / 재산이 많은 사람의 도움을 받아 경제적으로는 풍족하지만 심적 부담을 느끼게 된다. 돼지가 옆에서 따라오면 하는 일마다 실패가 없으며 남이 부러워할 정도로 순탄한 길을 걷게 된다.

◪ 멧돼지 수십 마리가 한꺼번에 몰려오는 꿈은 / 직계가족, 일가친척 중에 자식을 낳은 사람이 있으며 그 자손의 앞날은 밝다.

◪ 돼지가 우리 밖으로 뛰쳐나가는데도 붙잡지 못한 꿈은 / 하는 일이 심하게 꼬이거나 물질적인 손해를 보게 된다.

◪ 여러 마리의 돼지새끼를 낳아 그 돼지가 자라서 우리 안에 가득 찬 꿈은 / 부동산이나 증권 등에 투자한 돈이 몇배로 불어날 조짐이 있다.

◪ 맹수 이상으로 사나운 돼지가 갑자기 방에서 사람으로 변하는 꿈은 / 상대하는 사람의 겉과 속이 다를 수가 있다.

◪ 죽은 돼지를 어깨에 걸머지고 오는 꿈은 / 가정에 화근이 생긴다.

◪ 돼지를 차에 싣고 오거나 등에 지거나 몰고오는 꿈은 / 명예를 얻거나 돈이 생긴다.

◪ 돼지새끼를 실어다가 집 마당에 풀어 놓는 꿈은 / 많은 상품 또는 재물이 생기지만 빛좋은 개살구격이다.

◪ 돼지의 엉덩이를 칼로 찌르고 목을 쳐서 죽인 꿈은 / 무슨 일을

하는데 시작은 잘 했으면서도 결과가 신통치 않다.

◇ 돼지를 사다가 잡아서 파는 꿈은 / 재물을 잃거나 다른 사람에게 주게 된다.

◇ 멧돼지가 사람을 물려고 덤벼드는 것을 죽인 꿈은 / 힘들고 어려운 일이나, 적의 침입을 막을 수 있다.

◇ 돼지머리를 삶아서 칼로 썰어 그 일부를 감추어 둔 꿈은 / 사업상의 장부를 위조해 세금의 일부를 급한 곳에 활용할 수도 있다.

◇ 죽여야 할 돼지나 싸워야 할 돼지가 갑자기 사람이 되는 꿈은 / 경쟁상대가 우세해지거나 동정·실의 등으로 매사에 좌절하게 된다.

◇ 여러가지 색깔의 돼지새끼들이 태어나는 것을 보고 출산한 꿈은 / 직계가족 중에서 이별을 하거나 자손들이 제각기 다른 사업에 손을 대게 된다.

◇ 돼지 여러 마리가 교미하고 있는 꿈은 / 하는 일이 번창하거나 축하금을 받을 일이 생긴다.

◇ 돼지를 통채로 구워서 잘라 먹은 꿈은 / 논문·작품 등에 좋은 평가가 내려져서 많은 사람들로부터 축하를 받게 된다.

◇ 돼지의 크기와 수효가 정비례한 꿈은 / 재물이 생기게 된다.

◇ 돼지우리에서 소변을 보는데 돼지새끼들이 한꺼번에 몰려와서 받아 먹는 꿈은 / 여러 작품을 유명인에 의해서 평가받게 된다.

◇ 가까운 친척 중의 한사람이 돼지를 몰고오는 꿈은 / 직계가족 중의 한사람이 가까운 시일 내에 돈을 가져온다.

2) 개

◇ 개들끼리 서로 싸우는 꿈은 / 어떤 사람이 헐뜯고 비난하는 것을 참견하다 오히려 화를 입는다.

◇ 개가 손을 물고 놓지 않는 꿈은 / 작품, 능력 등을 평가받을 일이 생긴다.

◇ 개를 죽이는 꿈은 / 하고자 하는 일이 성사되며 남에게 폐를 끼친 것을 갚게 된다.

◇ 해질 무렵에 개가 달려가는 것을 본 꿈은 / 탐정, 기자, 취재 등의 일에 종사하는 사람들은 능력을 발휘할 수 있다.

◇ 개에게 물려서 흉터가 남는 꿈은 / 주어진 일이 성사되며 물린 자리에서 피가 나면 가까운 사람에게 화를 입는다.

◇ 개를 따라다니는 꿈은 / 상대방에게 부탁한 일을 해결 못해서 제 3자를 통해서 해결을 보게 된다.

◇ 개가 두 발로 서서 움직이는 꿈은 / 아는 사람이 자기를 인신공격 하거나 구타할 일에 직면한다.

◇ 집을 나갔던 개가 다시 찾아와서 기뻐하는 꿈은 / 생각지도 못했던 곳에서 소식이 온다.

◇ 개가 사납게 짖어 집 안으로 못들어 갔던 꿈은 / 들어가야 할 곳을 들어가지 못해서 난처한 입장에 처하게 된다.

◇ 어느 집을 방문했을 때 개에게 물리는 꿈은 / 자기가 하고 있는 일이 잘 풀리게 된다.

◇ 개를 잡아서 먹은 꿈은 / 자본금을 마련해서 사업에 돌입하거나 빌려준 돈을 못받게 된다.

◙ 남의 집 개가 자기 집에 접근하려했던 꿈은 / 새로운 소식을 듣거나 나쁜 영향을 끼칠 사람이 나타난다.

◙ 개가 귀여워 쓰다듬어 준 꿈은 / 가까운 친척이 큰 실수를 저지르게 된다.

◙ 남의 집 개와 자기 집 개가 함께 놀고 있는 꿈은 / 집안 식구 중한 사람이 어느 단체에 가입하거나 무뢰한들과 공모할 일이 생긴다.

◙ 사나운 개가 물려고 덤벼들거나 여러 마리가 한꺼번에 덤벼드는 꿈은 / 신변에 위험한 일이 일어나거나 남의 시비를 받는다.

3) 원숭이 · 고양이

◙ 원숭이가 높은 곳으로 기어 오르는 꿈은 / 하고 있는 일이 잘된다. 원숭이가 위에서 내려다보면 헤어진 사람이 자기 주위를 항상 맴돌고 있다.

◙ 원숭이 귀가 떨어져 나간 꿈은 / 나쁜 근성을 가진 사람과 인연이 끊어지게 된다.

◙ 원숭이끼리 서로 싸우고 있는 꿈은 / 문화생활을 즐기거나 자기일에 간섭하는 사람을 책망한다.

◙ 고양이가 쥐를 잡는 꿈은 / 수사관인 경우는 범인을 잡거나 처리안되고 보류 되었던 일은 풀린다.

◙ 고양이가 집을 뛰쳐 나가는 꿈은 / 데리고 있는 사람을 해고시키거나 물건을 분실한다.

◙ 고양이를 잡아 죽이는 꿈은 / 모든 일이 순조롭게 해결된다.

◙ 고양이와 강아지가 함께 있는 꿈은 / 성격이 안 맞는 사람과 가까

이 있어야 할 일이 생긴다.

◻ **닭장을 들여다보는 고양이를 본 꿈은** / 자신에게 손해를 끼칠 사람이 나타나거나 재산을 보호해 줄 고용인을 채용하게 된다.

◻ **고양이를 귀여워 해주는 꿈은** / 사람을 품에 안을 일이 생기며, 힘든 일을 맡게도 된다.

◻ **호랑이라고 생각했는데 자세히 살펴 보니 고양이가 있는 꿈은** / 가치가 있다고 생각한 물건이 사실은 가치가 없다.

◻ **고양이와 개가 서로 할퀴고 싸우는 꿈은** / 세력 다툼을 하거나 공박하는 일에 관계한다.

◻ **고양이의 눈이 반짝거리는 꿈은** / 창작품, 학설 등이 뚜렷한 이미지를 나타내어 사람들에게 감동을 준다.

4) 물고기

◻ **낚시줄이 길게 늘어져 있는 꿈은** / 계획한 일을 착수하면 결과가 빠른 시일에 나타난다.

◻ **물고기들이 죽어서 연못에 있는 꿈은** / 재난, 유행병, 전쟁 등으로 화를 입는다.

◻ **물고기를 저수지에서 많이 잡는 꿈은** / 남에게 도움을 받을 어려운 일이 생긴다.

◻ **물고기를 시장에서 사는 꿈은** / 노력의 댓가, 융자 등을 받게 된다.

◻ **여러가지 빛깔의 물고기를 치마로 받는 꿈은** / 인기인이 되어 사회적으로 유명하게 될 아이가 태어날 태몽이다.

◇ 말라가는 저수지나 **흙탕물** 속에서 많은 물고기를 잡는 꿈은 / 정당하지 못한 행위로 재물을 모으게 된다.

◇ 낚시질을 해서 싱싱한 물고기가 걸리는 꿈은 / 계획하고 있는 일이 성사된다.

◇ 배를 타고 나가서 그물로 많은 물고기를 잡는 꿈은 / 남을 통해서 일확천금의 꿈이 실현된다.

◇ 저수지 등에 물이 말라 물고기가 보이거나 물고기가 다른 동물로 **변하는 꿈은** / 생활 환경이나 신상에 나쁜 변화가 생긴다.

◇ 물고기가 알을 낳는 꿈은 / 소원성취가 되며 재물이 늘어난다.

◇ 물고기를 고르는 꿈은 / 어떠한 작품을 심사하거나 재물의 분배가 있게 된다.

◇ 우물이나 연못에 잉어를 넣는 꿈은 / 하는 일이 번창하거나 크게 출세한다.

◇ 하늘에서 떨어지는 조개를 받아 먹는 꿈은 / 공적으로 재물을 얻는다.

◇ 강변에 있는 방게가 깜짝 놀라 숨어 버리는 꿈은 / 일은 크게 벌리지만 실속이 없다.

◇ 저수지에서 많은 물고기를 잡는 꿈은 / 공적인 공금은 되도록 손을 안대는 것이 좋다.

◇ 자신이 물고기가 되어 바닷물에서 마음대로 헤엄치는 꿈은 / 연구, 탐험, 추리, 출세 등을 하게 된다.

◇ 게를 논두렁에서 잡는 꿈은 / 생각지도 않았던 재물이 생긴다.

◇ 조개를 까서 그릇에 담는 꿈은 / 작품을 논하거나 청탁을 받는다.

◇ 물이 없는 개울이나 산에서 조개를 줍는 꿈은 / 어떤 재물을 얻거

나 학설에 관한 것을 수집하게 된다.

◎ 물고기를 토막내서 누구에겐가 주는 꿈은 / 사업 자금을 나누어 받거나 생각지도 못했던 곳에서 돈을 얻는다.

◎ 폭포 위로 잉어가 뛰어오르는 꿈은 / 사업이 번창하여 사람들을 놀라게 한다.

◎ 바위 틈에서 잡은 물고기가 두 토막이 나는 꿈은 / 하고 있는 일이 타인에 의해서 가치가 없어진다.

◎ 어항에 있는 물이 마르거나 어항이 깨지는 꿈은 / 행복, 재물 등이 깨지고 아는 사람 중에 병들거나 하고 있는 일이 침체된다.

◎ 조개에서 진주가 나온 꿈은 / 만사형통 할 운수이다.

◎ 장어같은 종류의 미끄러운 물고기를 잡는 꿈은 / 취직, 입학시험, 혼담 등이 이루어진다.

◎ 어항 속의 금붕어를 가만히 들여다 보고 있는 꿈은 / 많은 직공을 거느리는 기업가가 될 아이가 태어날 태몽이다.

◎ 많은 조개를 잡는 꿈은 / 임신한 사람은 여아를 낳기 쉽다. 아기가 장차 많은 재물, 사업체, 창작물 등을 성취시킬 사람이 된다.

◎ 배의 갑판으로 물고기가 뛰어오르는 꿈은 / 사람을 구하거나 횡재 할 일이 생긴다.

◎ 맑은 물이 고인 논바닥에 물고기 떼가 놀고 있는 꿈은 / 하고 있는 일의 성과를 기대할 수 있다.

◎ 낚시질을 해서 물고기를 잡는 꿈은 / 아이디어를 개발해서 돈을 벌거나 일거리를 얻게 된다.

◎ 물고기가 지하실이나 방안에서 노는 꿈은 / 경제적으로 풍족한 사람이 될 태몽이다.

◇ 방게가 해변가에서 기어다니는 꿈은 / 사업상의 거래처를 많이 확보할 수 있다.

◇ 물고기를 반두질해서 잡는 꿈은 / 돈을 한꺼번에 벌지않고 여러번 나누어 벌 일이 생긴다.

◇ 강물 속에서 여러 마리의 물고기가 헤엄치는 꿈은 / 계약이 성사되거나 사람을 양성할 수 있는 일이 있다.

◇ 어물, 포육 등의 마른반찬을 얻거나 사오는 꿈은 / 재물, 증서, 책 등이 바뀔 수가 있다.

◇ 게 한보따리를 방으로 가지고 들어가는 꿈은 / 세일즈맨이 자기를 찾아온다.

◇ 물이 담긴 그릇에 잉어를 집어넣는 꿈은 / 창작 작품으로 많은 사람들에게 인정을 받는다.

◇ 해변이나 개천에서 많은 조개를 잡는 꿈은 / 미혼녀는 혼담이 오가고, 자기가 개발한 창작물을 남에게 보여줄 기회가 생긴다.

5) 용

◇ 하늘에서 용이 내려오는 꿈은 / 권세, 지위, 명성 등이 몰락하고 힘든 일이 성사되기도 한다.

◇ 용을 두팔로 꼭 껴안고 있는 꿈은 / 일거리가 많이 들어오고, 뜻밖의 사람을 만나게 된다.

◇ 용이 바다에서 승천하는 꿈은 / 사회적 기반으로 인하여 성공할 발판이 마련된다.

◇ 용을 타고 하늘을 날으는 꿈은 / 권세가가 되며 시험합격, 소원성

취 등이 이루어진다.

◻ 화재가 난 집에서 용이 승천하는 꿈은 / 하고 있는 일이 날로 번창해서 세인의 이목을 받는다.

◻ 구름 속의 용이 큰소리로 울부짖는 꿈은 / 사업에 크게 성공하여 사람들을 놀라게 한다.

◻ 승천하려는 용의 꼬리를 붙잡았다가 놓치는 꿈은 / 꼬이기만하던 일이 풀리게 되고 출세할 사람과 만나게 된다.

◻ 용이 대문으로 들어오는 꿈은 / 귀한 사람이 찾아오거나 하는 일이 순조롭게 풀린다.

◻ 용이 물 속에서 자는 꿈은 / 어떤 기관에 소속되어 있는 일을 관계하거나, 금은보화를 얻게 된다.

◻ 무기를 사용해서 용을 죽이는 꿈은 / 장애물을 제거하고 하고자 하는 일을 성취하게 된다.

◻ 용이 사람을 물어죽이는 꿈은 / 권세가에 의해서 일이 성사되거나 반대로 어떤 사람의 파탄을 보게 된다.

◻ 용이 승천하는데 희미하게 보이는 꿈은 / 한때 세인의 주목을 받지만 곧 잊혀지게 된다.

◻ 이무기가 용이 되어 구름 속에서 불덩이 두개를 떨어뜨린 꿈은 / 자손이 크게 성공해서 세상을 놀라게 하고 업적을 남길 것이다.

◻ 용의 조각품이나 문신을 보는 꿈은 / 세상이 널리 아는 사람들의 기사를 읽거나 희귀한 서적이나 물건을 보게 된다.

◻ **쌍룡이 몸을 꿈틀거리며 승천하는 꿈은** / 자손이 문무겸비한 훌륭한 인물이 되고, 남녀의 결합을 나타낸다.

◻ 용과 싸우다 쫓기는 권세가의 꿈은 / 뜻한대로 일이 이루어지지

않는다.

◇ 하늘을 나는 용이 말을 하거나 우는 꿈은 / 세상에 소문낼 일이나 업적 등이 있다.

◇ 용을 붙잡고 꼼짝 못하게 하는 꿈은 / 자신의 사업 성장을 위해서 고군분투한다.

◇ 공중에서 용이 담배를 피우는 꿈은 / 단체, 기관, 매스컴을 통해서 자신의 활동을 알리며 사회풍조를 쇄신할 일이 생긴다.

◇ 짐승이나 사람의 모습으로 변한 용이 도전을 해오는 꿈은 / 사업을 하는데 어려운 고비를 여러번 겪은 다음에 일이 성취된다.

◇ 용이 불을 뿜어 몸이 뜨겁게 느껴지는 꿈은 / 권력자의 협조를 받아 하는 일이 쉽게 풀린다.

◇ 울안에서 헤매는 용을 보는 태기가 있는 꿈은 / 자손이 초년에는 발전이 있으나 중도에 장애물이 생겨 빛을 못본다.

6) 곤충류

◇ 많은 꿀벌이 달아나는 꿈은 / 주위에 있는 사물이 흩어진다.

◇ 파리가 몸에 붙어서 떨어지지 않는 꿈은 / 어떤 장애물로 인하여 시달림을 받는다.

◇ 여러 마리의 나비가 떼지어 날으는 꿈은 / 집안에 경사스러운 일이 있다.

◇ 자신에게 벌떼가 덤벼드는 꿈은 / 다른 사람으로 인쳬 시달림을 받거나 근심걱정이 생긴다.

☒ 고추잠자리가 무리져서 날으는 꿈은 / 귀한 사람을 만나 좋은 일이 생긴다.

☒ 팔다리에 개미떼가 새까맣게 모여있는 꿈은 / 남에게 도움을 청할 일이 있다.

☒ 지네에게 물리는 꿈은 / 투자나 융자 받을 일이 생긴다. 그리고 말린 지네를 많이 가지고 있으면 재물이 생긴다.

☒ 벌통에 꿀이 많은 것을 본 꿈은 / 뜻밖의 재물이 들어온다.

☒ 빈대 때문에 잠을 제대로 못자는 꿈은 / 장애요인이 되는 사람 때문에 세웠던 계획을 변경하게 된다.

☒ 송충이가 몸에 달라 붙는 꿈은 / 큰 화를 면치 못한다.

☒ 파리를 나르고 있는 개미를 본 꿈은 / 아는 사람이 자기의 일을 도와준다.

☒ 거미떼가 마구 덤비는 꿈은 / 사람에게 시달림을 받거나 화를 면치 못한다.

☒ 딱정벌레가 양쪽 다리에 빈틈없이 붙어 있는 꿈은 / 세일즈맨이 보험 가입 신청서나 증권 등에 관한 일로 찾아온다.

☒ 개미집을 헐어 버리는 꿈은 / 가정에 화근이 생긴다.

☒ 여러곳에 거미줄이 엉켜있는 꿈은 / 사업이 전개된다. 그러나 방구석이나 천정 등에 엉켜 있으면 머리가 아프거나 운세가 막힌다.

☒ 벼룩이 갑자기 없어진 꿈은 / 잡고 있는 것을 놓치기 쉽다.

☒ 나비 여러 마리가 별이 떨어진 주위를 날으는 꿈은 / 자손이 여러 사람과 깊은 인연을 맺는다.

☒ 천정에 붙어있는 파리떼를 죽이거나 날려 보내는 꿈은 / 근심 걱정이 말끔히 해소된다.

▨ 험한 곳으로 달팽이가 기어오르는 꿈은 / 하고 있는 일이 고비를 겪는다.

▨ 반딧불을 본 꿈은 / 일이 잘되는 것 같으면서 제대로 풀리지가 않는다.

▨ 거리에 파리떼가 무수히 모여있는 꿈은 / 인쇄물 등에 관계할 일이 생기나 결과는 썩 좋지 않다.

▨ 개미떼가 이동하는 꿈은 / 재물이 생기거나 물건을 생산한다.

▨ 많은 벌이 나무에 매달려 있거나 벌이 벌집을 드나드는 꿈은 / 인력을 많이 필요로 하는 사업을 한다.

▨ 곤충을 거미줄에서 떼어주는 꿈은 / 어려움에 처해 있는 사람을 도와준다.

▨ 큰 말벌을 손으로 잡는 꿈은 / 약속이 이루어진다.

▨ 누에를 많이 사육하는 꿈은 / 재물이 생기고, 누에고치를 만드는 꿈은 건설, 결혼 등이 이루어진다.

▨ 송충이가 부엌에서 따라다니는 꿈은 / 자손이 착하고 정직한 사람으로 부모님에게 효도한다.

▨ 바퀴벌레를 모두 잡아 자루에 넣는 꿈은 / 정보를 수집하거나 어느 단체의 중임을 맡게 된다.

▨ 하늘에서 벌떼가 떼지어 날아다니는 꿈은 / 자기를 다른 사람에게 내세운다.

▨ 거미줄에 매달린 거미를 본 꿈은 / 누군가가 자기와 관련한 계교를 부리고 있다.

▨ 거미가 먹이를 감고 있는 꿈은 / 재물이 생기거나 심복을 얻는다.

▨ 양쪽 다리에 거머리가 붙어있는 꿈은 / 많은 재물이 생겨 인력을

필요로 할 일이 생긴다.

◌ 벌에게 쏘인 꿈은 / 질병에 걸리거나, 작품에 대해서 평가를 받을 일이 생긴다.

7) 사슴 · 노루 · 여우 · 늑대 · 너구리

◌ 여우를 쫓아가서 잡는 꿈은 / 공공단체에서 인정을 받는다.

◌ 늑대가 산골짜기에서 사납게 노려보고 있는 꿈은 / 제3자에 의해서 심판을 받게 된다.

◌ 사슴뿔을 구하는 꿈은 / 재물, 학설 등을 얻게 되고 자신을 평가받게 된다.

◌ 너구리를 잡아 물에 끓였더니 엄청나게 양이 불어난 꿈은 / 다른 사람의 과장된 말을 듣거나 하고 있는 일이 고비를 겪는다.

◌ 깊은 산 속에서 사슴을 잡는 꿈은 / 공공단체나 기업체에 가입하게 된다.

◌ 여우를 죽이는 꿈은 / 뜻하지 않은 재물이 생긴다.

◌ 어둑한 곳에서 여우를 만나 놀라는 꿈은 / 다른 사람으로 인해서 불안을 느낀다.

◌ 너구리 털을 얻거나 붙잡는 꿈은 / 어떤 단체에서 일거리나 재물을 준다.

◌ 여우가 닭을 물어가는 꿈은 / 꾀가 많은 사람에게 당한다.

◌ 여러 사람과 함께 사슴을 쫓아가서 자신이 잡는 꿈은 / 단체 행동을 해서 자신이 인정을 받는다.

◇ 사육하는 짐승을 늑대가 물어서 죽이는 꿈은 / 뜻하지 않은 사람에 의해 일이 쉽게 풀린다.

◇ 사슴을 죽이는 꿈은 / 소원성취가 이루어진다.

◇ 저녁에 여우 울음소리가 들리는 꿈은 / 불길한 소식을 듣게 된다.

8) 바다동물 · 수륙양서동물

◇ 거북의 목덜미를 잡은 꿈은 / 소속되어 있는 집단의 일이 풀리게 된다.

◇ 몰려오는 상어떼를 본 꿈은 / 괴한들이 방해를 놓거나 여러 사람의 시비를 받는다.

◇ 악어떼를 차례로 한마리씩 쳐죽이는 꿈은 / 풀리지 않던 일이 하나하나 해소되고 재물이 생긴다.

◇ 물에서 나온 물개를 도구로 쳐서 죽인 꿈은 / 어떤 사업체나 기관에서 장애물이 되는 것을 제거하게 된다.

◇ 거북이가 앞장서서 뱃길을 따라 가는 꿈은 / 타인의 도움을 받아 하고 있는 일이 번창해진다.

◇ 고래등을 타고 달리는 꿈은 / 교통수단을 이용하거나 어느 단체의 주도자가 된다.

◇ 거북을 쫓아가다가 잡지 못한 꿈은 / 치밀한 계획을 세우지만 뜻대로 이루어지지 않는다.

◇ 논둑에서 개구리가 울고 있는 꿈은 / 일을 추진하는데 여러 사람의 시비를 받는다.

◇ 물개를 붙잡는 꿈은 / 많은 재물이 생기고, 물개가 가까이 오는 꿈

은 단체에 가입하거나 사람과 만나게 된다.

◪ 도마뱀이 자신을 물고 있는 꿈은 / 계획하고 있는 일이 정리가 제대로 안된다.

◪ 거북이가 거처하고 있는 곳에 들어간 꿈은 / 부귀영화를 누린다.

◪ 고래떼가 몰려와서 배를 뒤엎은 꿈은 / 하고 있는 일이 위태롭거나 파산된다.

◪ 황소만한 도마뱀을 본 꿈은 / 권력자와 만나게 되고 거래, 사업 등이 이루어진다.

◪ 거북을 죽인 꿈은 / 장애물없이 일이 성사된다.

◪ 뱀과 같은 연체동물에게 몸이 감긴 꿈은 / 얽혔던 일이 풀린다.

◪ 두꺼비나 맹꽁이가 거리에서 돌아다닌 꿈은 / 줏대없는 사람을 만나거나 신통치 않은 일이 생긴다.

◪ 거북의 몸을 도구로 쳐서 피가 흐르는 꿈은 / 남에게 도움을 받거나 일이 성사된다.

◪ 상어에게 다리를 잘린 꿈은 / 가까운 곳에 있는 사람을 잃게 된다.

◪ 음침한 곳에 도마뱀이 우글거리는 꿈은 / 자신의 능력을 남에게 과시한다.

◪ 도룡뇽의 알을 먹는 꿈은 / 지식을 얻거나 창작물을 발표한다.

◪ 밖으로 나왔던 물개가 다시 물로 들어간 꿈은 / 광범위한 사회활동을 하다가 몇 번의 고비를 맛본 다음 다시 유복해진다.

◪ 인어를 붙잡아온 꿈은 / 이것이 태몽이라면 자손이 이색적인 직업을 갖게 된다.

◪ 고래 뱃속으로 사람이 들어간 꿈은 / 진급이 되거나 많은 재물을

얻는다.

◇ 물고기이 발이 무수히 많이 달린 꿈은 / 능력, 권력, 재주 등이 강대한 사람을 만나게 된다.

◇ 맹꽁이 암수가 붙어 울고 있는 꿈은 / 같이 일하는 사람과 시비가 생기거나 재수없는 일을 당한다.

◇ 뱃길을 고래가 앞장 선 꿈은 / 도움을 받을 사람이 있어서 일이 쉽게 추진된다.

◇ 자라가 거북이로 변해 옆에 있는 꿈은 / 적은 자본으로 큰 소득을 얻는다.

◇ 거북이 등을 타거나 가까이 대하는 꿈은 / 이것이 태몽이라면 권력자, 기관장 등이 되어 부귀를 누린다.

9) 소

◇ 죽은 소를 묻으려고 하는 꿈은 / 집안에 화근이 생긴다.

◇ 밖으로 뛰쳐나간 소를 잡지 못한 꿈은 / 믿었던 사람이 배신하거나 재물의 손실을 가져온다.

◇ 외양간에 매어진 소가 머리를 밖으로 향한 꿈은 / 집안에 있는 사람이 오래 머물러 있지 않는다.

◇ 여러 사람이 소의 등을 타고가는 꿈은 / 여러 사람과 협조할 일이 있다.

◇ 소를 팔고 사는 꿈은 / 집안식구, 사업, 재물 등이 바뀐다.

◇ 소에게 받힌 꿈은 / 신임하고 있던 사람에게 배반당하거나 정신적

인 고통을 받는다.

◪ 자신을 보고 소가 웃는 꿈은 / 관계하고 있는 사람들이 서로 다투거나 나쁜 일이 생긴다.

◪ 소가 논두렁이나 함정에 빠져 있는 것을 구해준 꿈은 / 가까운 곳에 있는 사람들이 병들거나 모함에 빠지고, 기울던 가산, 사업 등을 구해낸다.

◪ 소를 자신이 죽인 꿈은 / 사업이 잘 풀린다.

◪ 아픈 사람이 깊은 산속으로 소를 끌고 들어간 꿈은 / 사람을 잃거나 재물의 손실을 가져온다.

◪ 많은 소가 목장에서 평화롭게 놀고 있는 꿈은 / 많은 사람을 대하거나 일거리가 생긴다.

◪ 소를 팔러간 꿈은 / 집, 고용인, 재물 등을 잃게 되거나 다른 사람에게 빌려준 물건을 찾기가 힘들다.

◪ 성난 소가 뒤쫓아와 도망친 꿈은 / 사업상의 일이나 책 등을 접하게 된다.

◪ 누런 암소가 검정 송아지를 낳은 꿈은 / 이것이 태몽이라면 자손이 여러 사람과 자주 다툰다.

◪ 황소 여러 마리가 매어져 있는 꿈은 / 이것이 태몽이라면 자손이 많거나, 자수성가할 인물이다.

◪ 소를 기르는 꿈은 / 집안식구나 협조자가 방황하게 된다.

◪ 소뿔에서 피가 흐르는 것을 본 꿈은 / 진급이 되거나 학술 등으로 세인들의 관심을 받게 된다.

◪ 소뿔이 잘 생기고 털에 윤기가 있는 것을 본 꿈은 / 좋은 사람을 만나고 뛰어난 작품을 접하게 된다.

▣ 소의 다리를 묶어 매단 것을 본 꿈은 / 자신을 내세워 내면의 모든 것을 남에게 보여준다.

▣ 소가 수레를 끌고 가는 꿈은 / 많은 사람과 협력하여 하고자 하는 일이 이루어진다.

▣ 소를 타고 거리를 나가는 꿈은 / 공공단체나 협조자에 의해서 일이 잘 추진된다.

▣ 짐을 가득 실은 소가 지쳐 있는 꿈은 / 하고 있는 일이 너무나 힘들어서 고통을 받는다.

▣ 많은 사람이 쇠고기를 자르는 꿈은 / 물건을 서로들 나누어 가지려다 시비가 생긴다.

▣ 소의 털이 여러 가지 빛깔을 띤 꿈은 / 사람, 재물, 작품 등이 여러 가지의 특성을 나타내지만 탐탁하지 못하다.

▣ 소에다 쟁기를 매고 농사일을 하고 있는 꿈은 / 어떤 사람 또는 협조자를 시켜 일을 추진한다.

▣ 자신이 소를 이끌고 산에 오른 꿈은 / 자신을 내세울 일이 있거나 재물이 생긴다.

▣ 목부가 여러 마리의 소를 몰고 앞으로 향하는 꿈은 / 단체의 주도권을 잡거나 재물이 한 곳으로 모인다.

▣ 분뇨를 보는 소 꿈은 / 물심양면으로 성과가 좋다.

10) 쥐 · 토끼 · 족제비 · 염소 · 양

▣ 토끼가 새끼를 낳고 있는 꿈은 / 많은 재물이 생기거나 어떠한 일

에 몰두하게 된다.

◻ 창고에 쌓아 둔 곡식을 쥐떼들이 먹어 치운 꿈은 / 하고 있는 일이 크게 번창한다.

◻ 박쥐에게 물린 꿈은 / 자기에게 직분이 주어진다.

◻ 양을 한꺼번에 몰아다 집에다 매놓은 꿈은 / 좋은 사람이 들어오고, 재물을 얻기도 한다.

◻ 양떼를 몰고 다닌 꿈은 / 성직자, 교육자 등이 되거나 인재를 양성하는데 종사한다.

◻ 토끼장에서 토끼가 나오려고 하는 꿈은 / 소속되어 있는 곳에서 나오려고 한다.

◻ 풀을 뜯고 있는 양을 본 꿈은 / 자기 일에 충실함을 나타낸다.

◻ 산토끼가 숲 속이나 바위 속으로 몸을 숨긴 꿈은 / 좋은 일이 있을 뻔하다가 말고, 하고 싶지 않은 일을 접하게 된다.

◻ 방안에 들어가 있는 쥐를 잡으려 하는 꿈은 / 정당하지 못한 자를 가려내고, 일의 협조자를 만난다.

◻ 많은 토끼들이 들판에서 노는 꿈은 / 맡고 있는 일을 활동적으로 추진해 나간다.

◻ 쥐가 다른 형태로 변한 꿈은 / 장애물 없이 하고 있는 일이 순리대로 풀려나간다.

◻ 잡으려던 쥐가 쥐구멍으로 도망친 꿈은 / 계획했던 일이 제대로 풀리지 않는다.

◻ 다람쥐기 니무에 오르는 꿈은 / 권위를 남앞에 내세운다.

◻ 쥐구멍에서 쥐가 머리를 내민 모습이 인상적으로 보인 꿈은 / 자기에게 관심을 가지고 지켜보는 사람이 있다.

◩ 음식을 먹어 치우는 쥐떼를 본 꿈은 / 하는 일이 뜻대로 되지 않고 몇 번의 고비를 겪는다.

◩ 산등성이의 구멍에 쥐가 들어있는 꿈은 / 자신이 맡고 있는 일이 세인의 관심의 대상이 된다.

◩ 박쥐가 덤벼든 꿈은 / 원인을 알 수 없는 병증세가 나타난다.

◩ 토끼장에서 많은 토끼를 기르는 꿈은 / 일을 여러 가지로 해보거나 어느 단체에서 사람들이 직무에 종사함을 본다.

◩ 쫓기는 쥐를 때려잡는 꿈은 / 약삭빠른 사람을 설득시켜 일을 성사시킨다.

◩ 양의 젖을 짜는 것을 본 꿈은 / 하고 있는 일이 잘 되어서 재물이 생긴다.

◩ 쥐가 물건을 쏠아 먹거나 물체 밑을 파는 꿈은 / 큰 일을 시작하거나 단체활동에 가입한다.

◩ 족제비를 붙잡거나 몸으로 부딪힌 꿈은 / 이것이 태몽이라면 영리하고 재주 있는 자손을 낳는다.

◩ 실험용 흰 쥐가 우리에 있는 꿈은 / 갖가지의 물건을 손에 넣을 수 있는 일이 생긴다.

11) 새

◩ 원앙새의 암수 한쌍을 본 꿈은 / 좋지 않았던 감정이 풀리고, 자손의 혼사가 이루어진다.

◩ 매가 창공에서 원을 그리고 있는 꿈은 / 세인의 주목을 받게 된다.

◇ 닭이나 비둘기에게 모이를 준 꿈은 / 제자를 만나게 되거나 사업에 투자할 일이 생긴다.

◇ 제비가 처마 밑에 집을 짓는 꿈은 / 일을 계획하거나 정확하게 추진해 나간다.

◇ 암탉이 우는 소리를 듣는 꿈은 / 생각지 않던 사람이 세상을 놀라게 한다.

◇ 나무 위에서 까치가 우는 꿈은 / 반가운 소식이나 먼곳에서 손님이 찾아온다.

◇ 까마귀와 까치가 죽은 사람을 파먹는 꿈은 / 하고 있는 일이 번창하여 사람을 늘리고 집안에는 경사가 있어 많은 사람을 초대한다.

◇ 사냥을 하는 포수의 총소리를 듣는 꿈은 / 제3자를 통해 사람을 알아볼 수 있다는 소식을 듣는다.

◇ 독수리가 자신을 채서 하늘로 날아간 꿈은 / 자기가 하고 있는 일이 남을 통해서 성사된다.

◇ 봉황새를 보거나 소유한 꿈은 / 부부가 서로 화목하고 평화롭다.

◇ 학이 날아와 앉는 꿈은 / 지식 있는 사람과 접하게 되고 병원에 갈 일이 생긴다.

◇ 두견새나 뻐꾸기 알을 얻는 꿈은 / 뜻하지 않은 곳에서 재물이 생긴다.

◇ 죽은 닭을 많이 가져온 꿈은 / 계획하고 있는 일이 좌절된다.

◇ 비둘기떼에게 모이를 주는 꿈은 / 착한 사람들을 만나게 된다.

◇ 들판에서 학이 노는 꿈은 / 제자를 지도할 일에 종사한다.

◇ 앵무새가 말을 하는 꿈은 / 하루 종일 사람과 시비가 생긴다.

◇ 장닭끼리 서로 싸우는 꿈은 / 다른 사람과 크게 다툰다.

◇ 참새떼가 한꺼번에 날으는 꿈은 / 주도권을 쥐고 있는 곳에서 사람들이 잘 따르지 않는다.

◇ 독수리나 솔개가 가까이 오거나 팔다리를 무는 꿈은 / 진행 중인 복잡한 일이 하나하나 풀리기 시작한다.

◇ 새장의 새가 도망친 꿈은 / 가까이에 있는 사람이 떠나거나 물건을 분실하게 된다.

◇ 독수리가 자신을 해치려 하는 꿈은 / 나쁜 사람에게 시달림을 받거나 질병에 걸릴 염려가 있다.

◇ 새들이 나무에 집을 짓는 꿈은 / 여러 사람이 찾아와 어려운 일을 도와준다.

◇ 암탉이 알을 품고 있는 꿈은 / 생각, 사업, 창작물 등이 쉽게 이루어지지 않는다.

◇ 까마귀떼가 날아가는 꿈은 / 가는 곳마다 좋지 않은 일이 생긴다.

◇ 포수가 꿩을 잡아 몸에 지닌 꿈은 / 많은 재물을 얻는다.

◇ 꿩알을 발견하거나 얻는 꿈은 / 기발한 아이디어가 떠올라 일을 성사시킨다.

◇ 자신이 독수리로 변해 짐승을 잡는 꿈은 / 공공단체에서 자신이 주도권을 잡으려고 한다.

◇ 독수리를 타고 공중으로 날으는 꿈은 / 하고 있는 일이 순조롭게 풀리지 않고 어려운 고비를 겪는다.

◇ 기러기떼가 호숫가에 앉는 꿈은 / 먼 곳에서 소식이 오거나 손님이 찾아온다.

◇ 공작새가 자신에게 공명의 빛을 비추는 꿈은 / 이상적인 사람을 만나거나 좋은 작품을 갖게 된다.

◇ 지붕 위에서 닭이 우는 꿈은 / 집안에 화근이 생기거나 다른 사람에게 억압을 당한다.

◇ 장닭이 우는 소리를 듣는 꿈은 / 세인의 관심을 받는다.

◇ 많은 갈매기가 자신을 둘러싼 꿈은 / 이것이 태몽이라면 자손이 부귀영화를 누릴 때 많은 사람들이 재산을 탐낸다.

◇ 까치 여러 마리가 나뭇가지에 앉는 꿈은 / 자기에게 도움을 줄 사람을 만나게 된다.

◇ 학을 타고 하늘을 날으는 꿈은 / 지식 있는 사람을 접하게 된다.

◇ 나무에 황새가 앉아 있는 꿈은 / 자신이 하고 있는 일에 공공 단체에서 주도권을 잡게 된다.

◇ 머리 위에서 까마귀가 우는 꿈은 / 좋지못한 소식을 듣거나 사건에 말리게 된다.

◇ 달걀을 숲 속에서 발견한 꿈은 / 많은 사람들이 자기의 좋은 아이디어를 인정해 준다.

◇ 장닭이 쪼려고 덤비는 꿈은 / 괴한에게 시달림을 받거나 질병에 걸린다.

◇ 두견새나 뻐꾸기를 본 꿈은 / 뜻하지 않은 곳에서 소식이 오거나 사람이 찾아온다.

◇ 독수리로 변한 자신이 여러 마리의 닭을 물어 죽인 꿈은 / 자기와 관계 깊은 사람이 출가한다.

◇ 학이 자기의 몸에 앉는 꿈은 / 이것이 태몽이라면 학문적인 연구에 몰두하는 자손을 낳는다.

◇ 공작새가 날개를 활짝 편 꿈은 / 하고 있는 일이 세인의 관심을 끈다.

◻ 훈련받은 매가 새를 잡아온 꿈은 / 아랫사람을 시켜 사람을 데려오게 하거나 재물을 얻는다.

◻ 물새가 배 위에 앉는 꿈은 / 대체로 운세가 대길하다.

◻ 학을 타고 내려온 노인이 무엇인가를 준 꿈은 / 다른 협력자에 의해서 부귀영화를 누린다.

◻ 새의 날개가 바닥으로 떨어진 꿈은 / 자신의 위치가 타인에 의해서 상실된다.

◻ 장닭 같이 생긴 꼬리 없는 붉은 색 꿩이 날아든 꿈은 / 인격을 갖추지 못한 사람이 찾아온다.

◻ 나무 위에 닭이 오르는 꿈은 / 주어진 일이 순조롭게 풀린다.

◻ 새장에 갇힌 한쌍의 새를 본 꿈은 / 자기의 생활을 그 새의 처지와 비교할 일이 생긴다.

◻ 동자가 학을 타고 하늘에서 내려온 꿈은 / 이것이 태몽이라면 지식인이 될 사람이다.

◻ 새에게 모이를 주는 꿈은 / 자기가 하고 있는 일이 남의 심한 간섭을 받는다.

◻ 원앙금침이나 원앙문장 또는 그림을 본 꿈은 / 자기와 일을 같이 하는 사람과 잘 타협한다.

◻ 자기 주변에서 공작새가 날아다니는 꿈은 / 자기를 남에게 과시하며 부귀영화를 누린다.

◻ 한쌍의 봉황을 얻는 꿈은 / 이것이 태몽이라면 사회에 공헌할 인물이다.

◻ 기러기떼가 하늘 전체를 덮고 계속해서 날아가는 광경을 본 꿈은 / 자신의 힘에 충실하며 찌끼의 일을 꾀하고 싶어한다.

◇ 공작새를 소유한 꿈은 / 결혼하지 않은 사람은 이상적인 여인을 만나게 된다.

12) 말

◇ 백마가 하늘을 날으는 꿈은 / 사업을 벌여 세인의 관심을 끌지만 한편으로는 불안해 할 일도 생긴다.

◇ 춤추는 말을 본 꿈은 / 남의 시비를 받아 기분이 언짢아진다.

◇ 달리던 말이 쓰러진 꿈은 / 하고 있는 일에 장애물이 생겨 고비를 겪게 된다.

◇ 말이 놀라서 사방으로 흩어져 도망친 꿈은 / 부동산, 동산 등이 흩어져 하고 있는 일이 제대로 풀리지 않는다.

◇ 말에서 떨어진 꿈은 / 사업의 실패와 사람들에게 배신감을 가져온다.

◇ 쌍두마차를 타고 거리를 달리는 꿈은 / 여러 사람과 협조해서 사업을 경영한다.

◇ 경마를 구경한 꿈은 / 부동산, 투기, 증권 등의 일과 관련된다.

◇ 말을 타고 사람들 앞을 지나가는데 그들이 우러러보거나 엎드려 있는 꿈은 / 공공단체에서 자신이 주도권을 잡는다.

◇ 말과 수레가 흙탕물에 빠지는 꿈은 / 일에 장애물이 생겨서 심한 고통을 받는다.

◇ 말에게 물린 꿈은 / 어떤 일의 주도권을 잡거나 출세하여 세상에 이름을 날린다.

◇ 망아지가 굴레를 벗고 날뛰는 꿈은 / 주색잡기에 빠져 하고 있는 일이 불안정하다.

◇ 말의 성기가 팽창해 있는 꿈은 / 가까운 사람이 자기에게 반항을 한다.

◇ 말안장이 없는 꿈은 / 일을 추진하거나 여행을 떠날 일이 생긴다.

◇ 준마를 타고 하늘을 날으는 꿈은 / 자신의 모습을 남에게 과시한다.

◇ 말을 타고 들판을 달리는 꿈은 / 추진하고 있는 일이 몇 번의 고비를 겪는다.

◇ 묶여 있는 말이 우는 꿈은 / 제3자가 자신의 고민을 이야기 한다.

◇ 조상의 집으로 말을 끌고온 꿈은 / 집안에 사람이 오거나 재물이 생긴다.

◇ 잔디밭에 묶여 있는 말을 보고 출산한 꿈은 / 이것이 태몽이라면 재산이 많고 육영 사업에 종사할 자손이다.

◇ 처녀가 말을 타고 있는 꿈은 / 추진하고 있는 일이 성사된다.

◇ 말이 단체나 군대가 도열해 있는 곳을 지나가거나 사열한 꿈은 / 남에게 청탁을 하지만 쉽게 이루어지지 않는다.

◇ 말이 자기에게 급히 달려오는 꿈은 / 급한 소식을 전해 듣는다.

◇ 말에다 짐을 싣거나 마차를 맨 꿈은 / 가정에 화근이 생기거나 이사할 일이 있다.

◇ 말이 울음소리를 내며 발을 구르는 꿈은 / 자신의 일거리가 남을 통해서 전해진다.

13) 호랑이 · 표범 · 사자

☒ 호랑이를 끌고 다니는 꿈은 / 사람들을 마음대로 움직이게 하거나 큰 일을 성사시킨다.

☒ 호랑이가 무서워 부들 부들 떨었던 꿈은 / 제3자에 의해서 정신적인 고통을 받는다.

☒ 호랑이가 사자를 타고 달리는 꿈은 / 권력자, 공공단체 등의 도움을 받는다.

☒ 토끼만한 동물이 점차 커져서 호랑이가 된 꿈은 / 작은 일부터 시작하여 점차 번창해진다.

☒ 사방에서 호랑이가 개처럼 졸졸 쫓아다닌 꿈은 / 남에게 도움을 받거나 계획한 일을 추진해 나간다.

☒ 집에서 기르는 동물이나 사람을 표범이 물어간 꿈은 / 제3자에 의해서 근심 걱정이 해소되거나 재물의 손실이 있다.

☒ 사자나 호랑이가 자기 앞에 앉아 있는 꿈은 / 여러 계층의 사람들을 굴복시킨다.

☒ 호랑이나 사자에게 물린 꿈은 / 하고 있는 일이 순조롭게 풀린다.

☒ 들판에서 여러 마리의 호랑이나 사자가 어울려 노는 꿈은 / 어떤 단체에서 지식인이 많은 것을 보거나 책을 읽을 일이 있다.

☒ 호랑이나 사자가 우는 소리를 듣는 꿈은 / 남의 이목을 한꺼번에 받는다.

☒ 돼지를 해치려 오는 표범과 사자를 때려 잡는 꿈은 / 이것이 태몽이라면 출산이 순조롭게 이루어진다.

☒ 호랑이를 타고 가다 다른 동물로 바꿔 탄 꿈은 / 맡고 있는 일을

그만두거나 다른 데로 옮긴다.

◻ **사자나 호랑이를 죽인 꿈은** / 장애물을 제거하게 되고 일이 성사된다.

◻ **호랑이나 사자에게 쫓긴 꿈은** / 추진하고 싶은 일이 난관에 부딪힌다.

◻ **사자나 호랑이 등의 맹수와 싸워서 이긴 꿈은** / 하고 있는 일이 뜻대로 성사된다.

◻ **집안으로 호랑이가 들어온 꿈은** / 이것이 태몽이라면 세인의 이목을 받을 자손이 된다.

◻ **호랑이와 성교한 꿈은** / 사업, 작품 등이 이루어진다.

◻ **궁궐 같은 집으로 호랑이를 탄 채 들어간 꿈은** / 권력자가 되고 재물을 얻는다.

◻ **호랑이나 사자가 자신을 피해서 도망친 꿈은** / 일반적으로 권리상실, 사업 실패 등이 뒤따른다.

14) 뱀

◻ **구렁이가 자신을 문 꿈은** / 제3자에게 도움을 많이 받는다.

◻ **새빨간 뱀이 치마 속으로 들어온 꿈은** / 이것이 태몽이라면 건강하고 정열적인 아이를 얻는다.

◻ **죽 늘어져 있는 황색 구렁이가 사라져 버린 꿈은** / 누군가가 나타나 자신에게 도움을 수기는커녕 불패하게 만든다.

◻ **수많은 뱀이 길바닥에서 우글거리는 꿈은** / 이것이 태몽이라면 남

을 가르치는 직업을 가질 자손이다.

☒ 온몸을 감은 뱀이 혓바닥을 날름거리고 있는 꿈은 / 악한 사람이 자기에게 피해를 준다.

☒ 청구렁이가 숲 속에 길게 늘어져 있는 꿈은 / 이것이 태몽이라면 남에게 선망의 대상이 될 자손을 얻는다.

☒ 쫓아오던 뱀이 사람으로 탈바꿈한 꿈은 / 하고 싶지 않은 일을 회피하려고 하지만 어쩔 수 없이 일을 해주게 된다.

☒ 큰 구렁이를 죽여 피가 난 꿈은 / 장애물을 제거하여 뜻대로 일이 성사된다.

☒ 뱀이 나무의 줄기처럼 길게 늘어져 있는 꿈은 / 남의 잔꾀에 넘어가기 쉽다.

☒ 뱀을 토막내어 먹는 꿈은 / 자기가 모르는 것을 남을 통해서 안다.

☒ 집안으로 뱀이 들어온 꿈은 / 집안 식구가 늘어나거나 사업상 일이 생긴다.

☒ 뱀과 성교한 꿈은 / 계약을 하거나 다른 사람과 동업을 한다.

☒ 연못 속의 수많은 뱀을 들여다 본 꿈은 / 유물, 골동품, 금은보화 등을 얻게 된다.

☒ 구운 구렁이 토막을 먹는 꿈은 / 출판된 서적을 읽고 많은 지식을 얻는다.

☒ 큰 구렁이 주위에 뱀들이 우글거리는 꿈은 / 권세를 잡거나 사회단체의 주도권을 쥐게 된다.

☒ 큰 구렁이에게 물린 꿈은 / 이것이 태몽이라면 큰 일을 할 자손을 얻는다.

☒ 산정에서 청구렁이가 몸전체를 아래로 늘어뜨린 꿈은 / 이것이 태

몽이라면 공공단체에서 우두머리가 될 자손을 얻는다.

◇ 뱀에게 물려 독이 몸에 퍼진 꿈은 / 자신을 남에게 과시하거나 재물이 생긴다.

◇ 온몸에 구렁이가 감겨있는데 호랑이가 바위로 쳐서 토막을 낸 꿈은 / 어떤 세력을 꺾거나 협조자와 더불어 일을 성사시킨다.

◇ 치마로 싼 구렁이를 때려 잡는 꿈은 / 가정에 화근이 생긴다.

◇ 뱀이 온몸을 감고 턱 밑에서 노려 본 꿈은 / 가까운 사람으로 인해 구속받거나 사소한 말다툼으로 신경을 쓴다.

◇ 큰 구렁이가 작은 구멍 속으로 들어간 꿈은 / 가정에 좋지 않은 일이 생긴다.

◇ 전신을 감고 있는 뱀을 죽인 꿈은 / 어려웠던 난관이 순리대로 풀린다.

◇ 머리가 여러 개인 뱀이 물 속에 있는 꿈은 / 교양 있는 책을 읽거나 귀한 물건을 보게 된다.

◇ 큰 구렁이가 용마루로 들어간 꿈은 / 이것이 태몽이라면 공공단체의 주도권을 쥐게 될 자손을 얻는다.

◇ 구렁이가 허물을 벗고 사라진 꿈은 / 자신의 잘못을 뉘우치고 새로운 사람이 된다.

◇ 큰 구렁이와 관련된 꿈은 / 이것이 태몽이라면 진취적이고 재주가 뛰어난 자손을 얻을 것이다.

◇ 자기 발을 문 뱀을 그 자리에서 밟아 죽인 꿈은 / 이것이 태몽이라면 자손에게 나쁜 영향이 미친다.

◇ 수많은 뱀이 문틈 사이로 들어온 꿈은 / 여러 계층의 사람과 접하게 되고 자신의 신변에 관한 이야기를 타인에 의해 듣게 된다.

◻ 뱀의 몸 속에서 이빨 고치는 약을 구한 꿈은 / 뜻밖에 생활에 필요한 필수품이 생긴다.

◻ 수많은 황구렁이가 늘어서 있는 꿈은 / 이것이 태몽이라면 정치가, 사업가, 권력자 등이 될 자손을 얻는다.

◻ 뱀이 자신을 물고 사라진 꿈은 / 순간적으로 마음의 상처를 받고 남을 통해서 재물이 생긴다.

◻ 구렁이가 전신을 감는 꿈은 / 여러 계층의 사람들과 만나게 된다.

15) 곰 · 기린 · 코끼리 · 낙타 · 기타

◻ 도망치고 있는 기린을 본 꿈은 / 계획한 일이 뜻대로 이루어지지 않고 재물을 잃게 된다.

◻ 낙타를 타고 끝없는 사막을 걸었던 꿈은 / 추진하고 싶은 일이 난관에 부딪히게 된다.

◻ 동물의 뿔이 여러 개 난 꿈은 / 여러 방면으로 실력 발휘를 하여 인정을 받게 된다.

◻ 코끼리의 코에 감기거나 매달린 꿈은 / 여러 사람들에게 시달림을 받는다.

◻ 곰이 높은 곳으로 기어오르는 꿈은 / 하고 있는 일이 순조롭게 이루어진다.

◻ 기린이 새싹을 뜯어 먹는 꿈은 / 사업, 취직 등이 순조롭게 된다.

◻ 죽은 곰의 쓸개를 구한 꿈은 / 일이 잘 추진되어 세인의 이목을 한 몸에 받게 된다.

◻ 동물의 머리가 여러 개인 꿈은 / 자신이 가입한 단체에 우수한 사

람이 많이 있다.

◇ 타고 있는 코끼리가 움직이지 않아 채찍질을 해서 걷게 한 꿈은 / 풀리지 않은 일을 여러 각도로 구상하여 푼다.

◇ 기린의 목을 잘라 죽인 꿈은 / 기쁜 소식이 있고 어렵던 일이 성 사된다.

◇ 낙타를 끌고온 꿈은 / 가축, 부동산, 작품 등이 생긴다.

◇ 상아 종류의 제품을 구한 꿈은 / 금은보화나 희한한 물건을 보게 된다.

◇ 낙타의 육봉이 기억 속에 남는 꿈은 / 여러 가지 특징을 가진 기 업체나 작품을 접하게 된다.

◇ 여자가 코끼리를 탄 꿈은 / 부귀로운 사람을 만나거나 남에게 인 정을 받는다.

제 3 장
식물에 관한 꿈

1) 꽃

◇ 꽃에 대한 꿈은 / 일반적으로 경사스러운 일, 영광, 애정, 명예 등을 나타낸다.

◇ 집마당에 꽃이 만발한 꿈은 / 여러가지로 좋은 일이 겹쳐서 경사스럽다.

◇ 만발한 꽃나무 아래를 걷는 꿈은 / 성과, 대화, 독서 등으로 자신에게 도움이 되는 일이 있다.

◇ 꽃을 씹어 먹는 꿈은 / 사람들과의 만남이 자연스럽게 맺어진다.

◇ 꽃을 꺾어 든 꿈은 / 이것이 태몽이라면 사회적으로 자수성가할 자손을 얻는다.

◇ 만발한 꽃을 한꺼번에 꺾어 놓은 꿈은 / 업적, 성과, 수집 등을 나타낸다.

◇ 꽃향기를 맡은 꿈은 / 자신을 남에게 과시하고 그리운 사람 등을 만난다.

◇ 예식장이 온통 화환으로 장식된 꿈은 / 단체나 집단에서 자신의

성실함을 인정 받는다.

▨ **꽃이 시든 꿈은** / 생명의 단절, 질병, 사업의 실패 등을 나타낸다.

▨ **들꽃이 만발한 것을 본 꿈은** / 어떤 기관, 사업장 등에서 자신을 인정해 준다.

▨ **꽃 속에 자기가 파묻혀 있는 꿈은** / 좋은 사람을 만나거나 행복한 결혼 생활을 한다.

▨ **고목에 핀 꽃 한송이를 얻은 꿈은** / 남의 사업을 인수받아 그것을 발판으로 대성한다.

▨ **꽃나무를 뿌리째 캐낸 꿈은** / 계약, 투자, 증권 등이 이루어진다.

▨ **스님이 옥반에 어사화를 담아 준 꿈은** / 사회 기관, 학원 등에서 자신을 인정해 준다.

▨ **꽃을 보거나 꺾은 장소가 유난히 돋보였던 꿈은** / 이것이 태몽이라면 사회적으로 기반을 튼튼히 잡을 자손을 얻는다.

▨ **영적인 존재가 꽃다발을 안겨준 꿈은** / 어떤 기관에서 자신을 인정해 주거나 미혼자는 결혼이 성립된다.

▨ **꽃송이에서 아름다운 소녀가 나와 하늘로 사라져 버린 꿈은** / 감명 깊은 서적을 읽거나 일이 성사된다.

▨ **꽃나무의 꽃이 떨어진 꿈은** / 단체나 개인의 세력이 몰락함을 나타낸다.

▨ **험한 산에 꽃이 만발한 꿈은** / 국가나 사회적인 일로 자신을 내세운다.

2) 재목

◇ 낙엽을 긁어 모으는 꿈은 / 어려운 고비를 겪고 난 다음에 일이 성사된다.

◇ 정원에 나무를 옮겨다 심는 꿈은 / 자리를 옮기거나 좋은 사람을 만난다.

◇ 낙엽이 쌓인 것을 본 꿈은 / 사업이 발전하거나 재물을 얻는다.

◇ 높은 나무에 앉아 있는 새 꿈은 / 미혼자는 혼담이 오고간다.

◇ 나무에 사람이 올라가 있는 꿈은 / 어떤 기관에서 사업, 작품 등에 관해서 상의할 일이 있음을 통보해 온다.

◇ 나뭇가지에 매달려 물을 건너거나 뛰어오른 꿈은 / 어려운 일을 남을 통해서 극복해 나간다.

◇ 무덤 위에 나무가 서 있는 것을 본 꿈은 / 남의 도움을 받아 어떤 기관의 지도자가 된다.

◇ 나무를 베어 마차나 트럭으로 운반하는 꿈은 / 인재나 재물 등을 얻는다.

◇ 큰 나무를 자기 집에 옮겨다 심으려고 하는 꿈은 / 훌륭한 인재를 얻거나 단체에서 주도권을 잡게 된다.

◇ 고목이 부러진 것을 본 꿈은 / 주도권을 쥐고 있던 사람이 화를 입는다.

◇ 소나무가지에 무궁화꽃이 핀 꿈은 / 사랑의 애정 문제로 번뇌하게 된다.

◇ 큰 고목 위를 자연스럽게 걷는 꿈은 / 하고 있는 일이 순조롭게 이루어진다.

◎ 강 한가운데 나무가 우뚝 서 있는 꿈은 / 중개자를 통해서 자신의 사업이 이루어진다.

◎ 쓰러지려는 나무를 버팀목으로 바쳐놓은 꿈은 / 어려운 난관에 부딪혀도 잘 참아낸다.

◎ 단풍나무를 지붕 위에 옮겨다 심는 꿈은 / 자신이 소원하는 것이 이루어진다.

◎ 나뭇가지가 부러진 꿈은 / 건강이 좋지 않고 믿던 사람이 화를 입는다.

◎ 큰 나무가 뿌리째 뽑혀 있는 꿈은 / 기관에서 은퇴하거나 사업의 어려움을 나타낸다.

◎ 죽은 나무가 되살아나는 꿈은 / 타격을 받았던 일이 다시 활기를 되찾는다.

◎ 버들가지가 늘어진 것을 스케치 한 꿈은 / 외로운 사람을 만나 이야기를 주고 받는다.

◎ 거목 밑에 앉거나 서 있는 꿈은 / 제3자의 협조를 받는다.

◎ 나무뿌리나 풀뿌리를 잡고 일어서는 꿈은 / 도움을 받을 사람을 찾아서 어려운 고비를 넘긴다.

◎ 방바닥에 뿌리를 박은 거목이 지붕을 뚫고 나오는 꿈은 / 사회적인 이목을 한몸에 받는다.

◎ 노송 밑에 동물이 있는 꿈은 / 이것이 태몽이라면 공공단체의 지도자가 되거나 성실한 사람이 된다.

◎ 거목이 기울거나 가지가 뻗어 나온 꿈은 / 협조자가 나타나 자신을 도와주거나 사업체를 운영할 권리가 주어진다.

◎ 녹색 나뭇잎을 딴 꿈은 / 공공단체에 가입하여 자신의 성실함을

인정 받는다.

◻ 타인이 자기 집에 낙엽 한 짐을 짊어지고 온 꿈은 / 자기에게 자본을 댈 사람이 생긴다.

◻ 여성이 버들가지를 꺾어 든 꿈은 / 떠돌아 다니는 사람을 만나게 된다.

◻ 쭉 뻗은 나뭇가지가 부러진 꿈은 / 부모와 이별하게 되거나 의지했던 곳에서 나오게 된다.

◻ 우거진 숲속에 나무 한 그루가 말라 죽는 꿈은 / 사업의 부진, 질병 등으로 고생하게 된다.

3) 농사

◻ 논밭에서 많은 사람이 일하는 것을 본 꿈은 / 어떤 기관의 도움으로 많은 사람과 유대를 갖게 된다.

◻ 곡식이 전혀 없는 논두렁을 걷는 꿈은 / 사업체, 여건, 환경 등에 변화가 따른다.

◻ 볏가마를 밖으로 실어낸 꿈은 / 자본의 손실이 따른다.

◻ 씨앗이 많이 달린 곡식을 본 꿈은 / 오목조목한 사업이나 학문 연구 등을 한다.

◻ 쌀이 하늘에서 눈 내리듯 쏟아진 꿈은 / 재물이 많이 생기거나 좋은 일이 있다.

◻ 팥이나 콩을 휘저어 놓은 꿈은 / 집안에 화근이 생긴다.

◻ 목화꽃이 탐스럽게 핀 밭 둑을 걷는 꿈은 / 사업이 번창하고 미혼

자는 혼담이 오고간다.

◇ 논에 물이 흥건히 고인 꿈은 / 모든 조건이 여러모로 만족한 상태를 나타낸다.

◇ 잡곡밥이나 보리밥을 지어 먹는 꿈은 / 시험, 응모, 사업 등에서 실패한다.

◇ 쌀을 남에게 조금 준 꿈은 / 불안했던 마음이 안정된다.

◇ 벼 베는 것을 본 꿈은 / 사업이 잘 운영되어 재물을 얻는다.

◇ 물이 마른 논의 꿈은 / 재정의 결핍, 세력권 등을 나타낸다.

◇ 전답을 파는 꿈은 / 남에게 사업 자금을 대준다.

◇ 수북이 쌓아 놓은 콩깍지가 썩은 꿈은 / 사업 자금, 재산 등이 탕진된다.

◇ 곡식의 이삭을 얻는 꿈은 / 여러 방면으로 도움을 받아 자본이 생긴다.

◇ 잡곡밥을 먹는 꿈은 / 힘든 일을 하거나 하고 있는 일이 썩 마음에 내키지 않는다.

◇ 쌀가마나 볏섬을 다른 사람이 가져간 꿈은 / 세금을 내고 재물의 일부를 남에게 준다.

◇ 알곡식과 쭉정이를 가려낸 꿈은 / 공적인 것과 사적인 일을 구분할 일이 생긴다.

◇ 보리 이삭이 팬 꿈은 / 하고 있는 일이 어느 한계에 이른다.

◇ 쌀가마가 집안에 수북이 쌓인 꿈은 / 재물이 생기거나 사업이 번창해진다.

◇ 물이 넘쳐 남의 집 논으로 들어간 꿈은 / 재물의 손해를 보거나

사상적 침해를 받을 일이 생긴다.

◇ 벼가 무르익은 꿈은 / 일의 성숙기에 접어든 것을 나타낸다.

◇ 창고에 들어 있던 벼가 쌀이나 해바라기씨로 변한 꿈은 / 좋은 양서를 읽고 많은 지식을 얻는다.

◇ 남이 만든 화학비료를 이유없이 담는 꿈은 / 남의 좋은 점을 자기가 이용한다.

◇ 들판에 수북이 쌓인 쌀을 본 꿈은 / 부지런하고 검소하게 생활하면 많은 재물을 모은다.

◇ 동물들이 논두렁 밑에서 우글거리는 것을 본 꿈은 / 어느 단체의 지도자가 된다.

◇ 탈곡을 열심히 하는 꿈은 / 미혼자는 혼담이 오고간다.

◇ 콩을 많이 본 꿈은 / 사업 성과, 작품, 재물 등을 나타낸다.

◇ 볏단이 마당에 높이 쌓여있는 꿈은 / 재물, 일거리, 사업체 등을 나타낸다.

◇ 벼를 찧는 꿈은 / 교양, 교육, 사업 등을 나타낸다.

◇ 해바라기, 참깨, 담배 등 특용작물을 본 꿈은 / 모양, 성장과정, 작품, 재물 등을 일반적으로 나타낸다.

◇ 들판에 메밀꽃이 활짝 핀 꿈은 / 하고 있는 일이 순리대로 이루어진다.

◇ 우마차로 볏단을 실어다 놓거나 몰래 갖다 놓는 꿈은 / 재물이 생기고 좋은 아이디어를 개발한다.

◇ 집안으로 볏섬을 들여온 꿈은 / 물질적인 자본이 생긴다.

◇ 여러 곡식이 자라는 밭에 수수 이삭이 여물어가는 것이 인상적으

로 보인 꿈은 / 자기 자신을 내세워 세인의 이목을 한몸에 받고 싶어
한다.

◻ 신령적인 존재에게 쌀밥을 드리는 꿈은 / 입학 시험, 고시, 취직
시험 등에서 합격한다.

◻ 호박이나 오이 구덩이에 비료를 넣는 꿈은 / 정신적, 물질적 투자
를 나타낸다.

◻ 개간을 해서 논밭을 일군 꿈은 / 개척적이며 계몽적인 일을 계획
해서 추진한다.

◻ 밭이랑을 만드는 꿈은 / 여러 분야로 나누어 사업을 계획한다.

◻ 모를 심는 꿈은 / 자신이 하고 있는 일을 다른 사람에게 널리 알
리고 싶어한다.

◻ 계단식 논의 논두렁을 여러 사람이 따로따로 걸어가는 꿈은 / 친
구를 사귀어도 일하는 분야가 각각 다르다.

◻ 곡식이 익은 들판에 세워 놓은 허수아비를 흔드는 꿈은 / 이것이
태몽이라면 그림에 관해서 공부할 자손을 얻는다.

◻ 볏단을 쌓거나 옮기는 꿈은 / 작품, 재물 등으로 이익을 얻는다.

◻ 볍씨, 밭곡식의 씨앗을 많이 취급하고 있는 꿈은 / 정신적, 물질적
자원이나 자본 등을 나타낸다.

4) 숲

◻ 숲에 관한 꿈은 / 일반적으로 기업체, 백화점, 학원 등을 나타낸다.

◻ 숲속에 앉거나 누워있는 꿈은 / 병원에 갈 일이나 사업상 조용히

기다릴 일이 생기게 된다.

◇ 나무를 베고 숲을 개간한 꿈은 / 묵은 것을 버리고 새로운 것을 개척한다.

◇ 숲속에 냇물이 흐르는 것을 본 꿈은 / 사업, 학문 등이 순조롭게 이루어진다.

◇ 밀림 속을 헤매는 꿈은 / 질병에 걸리거나 하고 있는 일이 난관에 부딪힌다.

◇ 숲속을 걷는 꿈은 / 사업, 학업, 연구 등을 나타낸다.

◇ 숲속에서 꽃을 꺾어 든 꿈은 / 어떤 기관에서 자기를 남앞에 내세우는 일이 있다.

◇ 개간지 한가운데서 물이 유유히 흐르는 꿈은 / 여러가지로 자원이 풍부함을 나타낸다.

◇ 산에 숲이 우거져 보인 꿈은 / 방어 태세가 안전함을 나타낸다.

◇ 숲속의 개울에서 물고기를 잡는 꿈은 / 계획하고 있는 일을 추진하며 성과를 얻는다.

◇ 망령이 손을 잡고 숲속으로 끌어들이는 꿈은 / 교양 있는 서적을 읽거나 여러 방면으로 아는 사람을 소개받게 된다.

◇ 숲 속에서 거목을 베어 껍질을 벗긴 꿈은 / 어떤 단체에서 대의원 등에 출마할 추천을 받게 된다.

◇ 숲속을 걸어들어간 꿈은 / 견학, 직무수행, 독서 등을 나타낸다.

◇ 산에 서 있는 나무가 허술하게 보인 꿈은 / 방어 태세가 완벽하지 않다.

5) 채소

◇ 무성하게 자라고 있는 채소류를 본 꿈은 / 사업, 혼담, 계약 등이
이루어진다.

◇ 인삼을 얻거나 본 꿈은 / 여러 방면으로 남의 이목을 한몸에 받게
된다.

◇ 고추가 집마당에 널려 있는 꿈은 / 사업을 추진하려고 여러가지
계획을 세운다.

◇ 마른 풀밭을 본 꿈은 / 일의 성과를 올리는 데 가장 적합한 시기
임을 나타낸다.

◇ 물에 떠있는 시든 배추를 건진 꿈은 / 집안에 불길한 일이 있다.

◇ 해초류를 바다에서 건져온 꿈은 / 어떤 단체에서 재물과 관계되는
일로 시비가 생긴다.

◇ 채소를 좋은 것으로 고른 꿈은 / 연구, 사업, 재물 등에 이득이 생
긴다.

◇ 퇴비나 건초더미를 만든 꿈은 / 여러 방면으로 자본이 축적된다.

◇ 소금에 배추를 절인 꿈은 / 집안에 화근이 생긴다.

◇ 금잔디로 잘 다듬어진 무덤을 본 꿈은 / 남의 도움을 받아 쉽게
일이 성사된다.

◇ 수삼이나 건삼을 많이 캐오거나 사온 꿈은 / 많은 재물이 생기고
여러 방면으로 가치 있는 제품이 생산된다.

◇ 밭의 신선한 채소를 본 꿈은 / 남을 통해서 자기 사업이 발전한다.

◇ 채소밭에 꽃이 만발한 꿈은 / 사업 성과, 작품 등을 통해서 경사스

러운 일이 있다.

◇ 뱀이 오이를 감고 있는 꿈은 / 배우자 이외에 다른 사람과 관계를 맺게 된다.

◇ 새알을 뱀이 물어간 꿈은 / 사회사업을 하는 사람과 결혼을 한다.

◇ 미역국을 먹는 꿈은 / 입학, 취직, 청탁 등이 자기 뜻대로 안된다.

◇ 신선한 청과류를 많이 보유한 꿈은 / 사업 성과, 재물 등이 생긴다.

◇ 바구니에 붉은 고추를 가득 따온 꿈은 / 이것이 태몽이라면 사업, 작품 등에 관련이 있을 자손을 얻는다.

◇ 수렁에 빠진 후 몸에 풀이 감겨 나오지 못한 꿈은 / 자기가 하고 싶은 일이 뜻대로 이루어지지 않는다.

◇ 산삼이 모자를 쓰고 산봉우리를 향해 우뚝 솟아있는데 그곳을 둘러싸고 많은 사람들이 우러러본 꿈은 / 이것이 태몽이라면 자선사업을 할 자손을 낳는다.

◇ 청과류의 모양이 길쭉하게 보였던 꿈은 / 일반적으로 남성을 상징한다.

◇ 파릇파릇한 새싹이 갑자기 동물로 변해서 커가고 있는 꿈은 / 사업, 작품 등이 점점 진전을 보인다.

◇ 오이를 먹는 꿈은 / 남녀가 서로 관계를 맺는다.

◇ 이끼가 낀 우물이나 연못의 꿈은 / 장애가 되는 사람이나 나쁜 마음을 가진 사람을 멀리하려고 한다.

◇ 청과류를 시장에서 사온 꿈은 / 사업체, 단체기관 등에서 재물이 생긴다.

◇ 덩굴이나 덤불이 우거진 꿈은 / 일이 뒤얽혀 진행 과정에서 시비가 생긴다.

◇ 자극을 주는 조미료를 본 꿈은 / 재물, 학습교재, 자본 등을 나타낸다.

◇ 무우나 파밭 근처에 배추밭이 있는 꿈은 / 미혼자는 혼담이 오고 간다.

◇ 호박이 여기저기 많이 열린 꿈은 / 작품, 일의 성과 등을 나타낸다.

◇ 풀이 난 밭의 꿈은 / 미개척분야, 작전지역, 방해적인 여건 등을 나타낸다.

◇ 풀을 벤 꿈은 / 재물, 학과 이수, 사업 정리 등과 관계된다.

6) 과일

◇ 과수원 안을 거닌 꿈은 / 학문 연구, 사업, 기관 등에 종사함을 나타낸다.

◇ 과일을 많이 따온 꿈은 / 이것이 태몽이라면 여러 사람을 거느리고 사업을 할 자본을 얻는다.

◇ 대나무를 많이 베어 온 꿈은 / 재물이 생기거나 새로운 계획을 추진해 나간다.

◇ 연시를 따먹거나 사먹는 꿈은 / 맡고 있는 일이 쉽게 풀리고 자기에게 이득이 있다.

◇ 뽕잎이 저절로 떨어진 꿈은 / 재물의 손해를 본다. 그러나 바구니에 따 오면 사업 자금이 생긴다.

◇ 하늘에서 포도알이 떨어진 꿈은 / 이것이 태몽이라면 지도자, 교사, 작가 등의 직업을 갖는 자손을 얻는다

◇ 떨어진 밤일을 여러 개 먹거나 주머니에 넣는 꿈은 / 다른 사람과

사소한 일로 다툰다.

◻ 어슴푸레한 달밤에 배꽃이 핀 꿈은 / 반가운 사람을 만나거나 경사로운 일이 있다.

◻ 나무에 올라 과일을 따먹는 꿈은 / 취직, 계약, 시험 등의 일을 나타낸다.

◻ 다른 사람이 따준 과일을 받아 먹는 꿈은 / 다른 사람의 청탁을 받아 주거나 계약이 성립된다.

◻ 붉은 대추를 많이 따온 꿈은 / 재물이 생기고 여러가지로 사업 성과를 나타낸다.

◻ 꽃은 졌는데 열매를 맺지 않는 꿈은 / 하는 일이 발전이 없거나 궁지에 몰리게 된다.

◻ 잘 익은 복숭아를 얻은 꿈은 / 남녀 교제가 자연스럽게 이루어지고 학생은 학업 성적이 우수해진다.

◻ 죽순이 갑자기 크게 자란 꿈은 / 하고 있는 일이 자기 뜻대로 이루어진다.

◻ 집안에 심은 과일나무에 과일이 주렁주렁 열린 꿈은 / 결혼, 사업, 작품 등을 나타낸다.

◻ 한 개 뿐인 빨간 과일을 따 먹는 꿈은 / 여자를 만나거나 고시에 합격한다.

◻ 감을 차에 싣고 운반한 꿈은 / 출판된 서적을 판매한다.

◻ 나무 밑에 떨어진 상수리를 많이 줍는 꿈은 / 여러 방면으로 많이 재물을 얻는다.

◻ 여러개의 배나무를 단계적으로 심는 꿈은 / 순리대로 사업이 이루어진다.

◇ 떨어진 연시를 주워 먹는 꿈은 / 남에게 무시당할 일이 있다.

◇ 누런 과일과 푸른 과일을 몰래 훔친 꿈은 / 제3자를 통해서 혼담이 이루어진다.

◇ 노란꽃 화분을 방 안에 들여 왔는데 열매를 맺은 꿈은 / 이것이 태몽이라면 예술 작품으로 세인의 이목을 받을 자손을 얻는다.

◇ 풋과일을 어른이 따줘서 먹는 꿈은 / 제대, 퇴직, 불합격 등에 관한 일이 생긴다.

◇ 나무 중간에 열린 과일을 딴 꿈은 / 이것이 태몽이라면 별 어려움 없이 일을 추진해 나갈 자손을 얻는다.

◇ 배나무에 배가 주렁주렁 달린 것을 본 꿈은 / 하고 있는 일이 순리대로 풀린다.

◇ 과일나무에 과일이 주렁주렁 달린 꿈은 / 사업 성과, 창작 활동 등을 나타낸다.

◇ 전주에 달린 과일을 모르는 사람이 따다 버린 꿈은 / 계약이 깨지고 사람이 행방불명 된다.

◇ 잘 익은 과일을 따 먹는 꿈은 / 좋은 일을 책임진다.

◇ 은행잎이 수북이 쌓인 것을 본 꿈은 / 재물이 생기고 작품 성과 등을 얻는다.

◇ 대나무 숲에서 헤매는 꿈은 / 일에 몰두하거나 마음이 안정되지 않고 항상 불안하다.

◇ 앵도과에 속하는 작은 열매의 꿈은 / 재물, 키스, 일의 성과 등을 나타낸다.

◇ 감나무에 오르거나 감을 따먹는 꿈은 / 일을 단계적으로 차근차근 진행해 나간다.

◇ **쪼개진 과일을 얻은 꿈은** / 확실하지 않은 사업에 손을 댄다.

◇ **밤알을 벅찰 정도로 많이 가져온 꿈은** / 이것이 태몽이라면 부귀 영화를 누릴 자손을 얻는다.

◇ **산 중턱에서 과일을 따온 꿈은** / 이것이 태몽이라면 운세가 서서히 호전되어 일을 성취시키는 자손을 얻는다.

◇ **붉게 익은 사과 여러개를 따온 꿈은** / 여러가지 일에 종사해서 성과를 얻는다.

◇ **과일을 통채로 삼킨 꿈은** / 권리, 명예 등을 얻는다.

◇ **여러 그루의 감나무에서 감이 떨어진 것을 주워 모은 꿈은** / 여러 기업체, 여러 작품 등에서 좋은 성과를 얻는다.

◇ **꽃이 달린 채 떨어진 풋감을 주워 담는 꿈은** / 연구 자료를 수집하거나 자본을 구하게 된다.

◇ **배나무의 꽃이 만발해서 달빛에 빛나는 것을 본 꿈은** / 좋은 작품을 써서 여러 사람에게 지식을 제공해 준다.

◇ **선악과라고 생각되는 나무 열매를 따먹는 꿈은** / 옳고 그름을 판단하고 진리를 깨닫는다.

◇ **곶감꽂이에서 곶감을 한 개씩 빼먹는 꿈은** / 마무리 단계에 있는 일을 맡게 된다.

◇ **뽕나무 열매를 따 가진 꿈은** / 성교, 입학, 계약, 잉태 등이 이루어진다.

◇ **복숭아나 살구꽃이 만발한 곳을 걷는 꿈은** / 자신을 내세우거나 남녀가 관계를 맺는다.

◇ **상수리 나무를 돌로 쳐서 상수리가 우수수 쏟아진 꿈은** / 신상문제, 체험담, 독서, 기관, 재물 등과 관계된다.

▨ 혼담이나 사업상의 일로 썩은 과일을 얻어온 꿈은 / 결혼, 사업 등이 불행을 가져온다.

▨ 배를 따온 꿈은 / 이것이 태몽이라면 대범한 자손을 얻는다.

▨ 죽순을 꺾어온 꿈은 / 사업 성과, 작품 발표 등의 일을 보게 된다.

제 4 장
유가증권 · 돈 · 증서에 관한 꿈

1) 돈

◇ **공중에서 지폐가 눈처럼 떨어져 집안에 수북이 쌓인 꿈은** / 사회단체를 통하여 재물이 생기거나 여러 통의 편지를 받는다.

◇ **품삯을 달라는데 상대방이 주지않는 꿈은** / 정신적, 육체적 고통을 받는다.

◇ **돈을 많이 소유한 꿈은** / 만족할 일, 재물 등이 생긴다.

◇ **곗돈을 타오는 꿈은** / 재물, 보험, 예금, 복권 등을 나타낸다.

◇ **거리에서 동전을 주워 주머니에 넣은 꿈은** / 친구들과 사소한 일로 다투게 된다.

◇ **금고가 열려있는 꿈은** / 재물이 생기거나 정신적, 학문 등을 통해서 진리를 깨닫는다.

◇ **상점에서 물건값을 지불한 꿈은** / 어떤 소득이 있거나 취업을 하게 된다.

◇ **길바닥에서 녹슨 동전을 여러 개 주운 꿈은** / 가까운 사람이 병사해서 며칠간 슬퍼하고 걱정한다.

☑ 빳빳한 지폐를 길바닥에서 주운 꿈은 / 펜팔, 일거리, 소설 등을 주고받을 일이 있다.

☑ 교통편으로 운반해다 준 보따리를 방에서 풀어보니 돈이 방안에 가득 찬 꿈은 / 이것이 태몽이라면 자수 성가하여 부자가 될 자손을 얻는다.

☑ 남이 지폐를 몇장 주워 가진 걸 본 꿈은 / 근심 걱정할 일이 생긴다.

☑ 금고를 집에 들여온 꿈은 / 자본주 등이 생긴다.

☑ 깨끗한 동전을 얻는 꿈은 / 새로운 친구를 소개받거나 직장에 취직이 된다.

☑ 돈이 가방에 가득 찬 것을, 모르는 사람이 가져가라고 한 꿈은 / 주택을 구입하거나 사업을 계획한다.

☑ 돈을 헤아리는 동안에 돈이 갑자기 솔가지로 변한 꿈은 / 사업을 시작하는데 쓰이는 자본금이 한없이 들어간다.

☑ 어떤 사람이 준 돈이 종이로 변한 꿈은 / 누군가의 강압적인 요구, 지시, 명령 등을 따르게 된다.

☑ 곗돈을 타러 가는데 버스 운전수가 돈 보따리를 준 꿈은 / 남의 도움으로 재물을 얻는다.

2) 유가증서 · 계약서 · 기타

☑ 유가증권, 계약서 꿈은 / 일반적으로 계약, 명령, 약속, 권리이양, 선전물 등을 나타낸다.

☑ 교환권을 받는 꿈은 / 다른 사람의 소개통지서, 명함 등을 받는다.

제 5 장
의상 · 소지품에 관한 꿈

1) 모자 · 신발

◇ **모자 꿈은** / 일반적으로 동업자, 지위, 신분증, 직업 등과 관련이 있다.

◇ **왕관을 쓴 꿈은** / 자기의 모습을 남에게 자신있게 과시할 일이 생긴다.

◇ **모자를 새것으로 구입해서 쓴 꿈은** / 신분증의 갱신, 입사, 입학 등을 하게 된다.

◇ **사각모를 쓴 꿈은** / 학문, 공로 등을 통해서 자신을 인정 받는다.

◇ **짚신을 신은 꿈은** / 집, 가정부, 고용인 등을 얻는다.

◇ **자기 외에 친척들이 굴건을 쓰고 있는 것을 본 꿈은** / 유산 분배, 유산 문제로 서로 시비가 생긴다.

◇ **부인이 족도리를 쓰고 거울을 들여다 보는 꿈은** / 권력을 쥔 친척을 만나거나 반가운 사람을 접대한다.

◇ **영적인 존재가 주는 신발을 받아 신는 꿈은** / 학자, 지도자, 권력자 등의 도움을 많이 받는다.

◻ 군인이 단체로 철모를 쓴 꿈은 / 하고있는 일이 날로 번창한다.

◻ 새 신이 발에 딱 안맞는 꿈은 / 하고 있는 일이 분수에 맞지 않거나 불안하다.

◻ 타인이 새 관을 만들어 씌워준 꿈은 / 자격증, 주민증록증, 신분증 등을 갱신한다.

◻ 장례식에 굴건을 쓴 사람이 많이 있는 꿈은 / 유산분배자, 제자 등이 많이 있다.

◻ 신고 있던 신을 잃어버린 꿈은 / 직장, 재물, 부동산, 부모 등 자신이 의지하던 곳에서 화근이 생긴다.

◻ 감투를 새로 만들어 쓴 꿈은 / 남에게 자신의 모습을 자신있게 과시한다.

◻ 다 떨어진 신을 신는 꿈은 / 직업, 사업, 동업자 등이 무력해지거나 질병이 생긴다.

◻ 자기 신을 찾지 못하고 남의 신을 찾아 신는 꿈은 / 직장, 사업, 배우자, 주택 등이 바뀌게 된다.

◻ 고무신 한컬레가 물에 빠져서 건졌는데 여러 컬레의 고무신이 나온 꿈은 / 투자를 적게하여 많은 이득을 본다.

◻ 군인들이 군모를 여기저기에 벗어 놓은 것을 본 꿈은 / 군인은 임무를 완수하고 제대한다.

◻ 모자를 벗어서 금은보석, 과일, 재물 등의 물건을 담은 꿈은 / 좋은 아이디어를 개발하여 이득을 본다.

◻ 사병의 꿈에 장교모를 쓴 꿈은 / 자신의 일이 남에게 인정을 받거나 상사의 보호를 받는다.

◻ 모자를 쓰지 않은 경찰관의 꿈은 / 기자, 회사원, 기관원 등과 접

촉할 일이 생긴다.

◻ **신발을 얻은 꿈은** / 이것이 태몽이라면 자수 성가를 해서 세인의 이목을 한몸에 받는다.

◻ **구두 두켤레가 우편으로 배달된 꿈은** / 외국 서적을 보거나 여권이 나온다.

◻ **모자를 태우거나 찢어버린 꿈은** / 새로운 것을 시도하려고 계획을 세운다.

◻ **어른이 학생시절로 돌아가 학생모를 쓴 것을 본 꿈은** / 학업, 연구 등에 몰두하거나 단체에 가입한다.

2) 의상

◻ **화려한 옷을 입은 꿈은** / 사업, 신분, 직위 등이 향상되고 좋은 사람을 만나게 된다.

◻ **맞춰 입은 옷이 몸에 꼭 맞지 않은 꿈은** / 주택, 배우자, 직업 등에 불만이 많아진다.

◻ **행주치마에 손을 닦는 꿈은** / 시집간 딸이 친정으로 온다.

◻ **처녀가 웨딩드레스를 입은 꿈은** / 결혼, 취직 등이 성사되고 새로운 동업자를 만난다.

◻ **누더기 같은 옷을 입은 꿈은** / 타인에게 멸시를 받거나 부동산, 사업 등이 하락한다.

◻ **흰 상복을 입은 꿈은** / 여러 방면으로 유산을 상속 받는다.

◻ **금은 보화로 된 단추를 달고 있는 옷을 입은 꿈은** / 좋은 동업자를 만나서 일이 순조롭게 풀린다.

▨ 옷을 선물 받은 꿈은 / 일반적으로 취직, 동업자 등이 나타난다.

▨ 한번 세탁한 일이 있는 잠옷을 입고 보니 약간 크다고 느낀 꿈은 / 전세집을 얻으러 다니나 조건에 맞는 것이 없다.

▨ 빨래를 말린 꿈은 / 자신의 모습을 남에게 과시한다.

▨ 옷을 세탁해 입은 꿈은 / 불안했던 마음이 정리되고 새로운 일을 추진한다.

▨ 옆에 있는 사람이 새빨간 옷을 입고 있는 꿈은 / 상대방과 시비가 엇갈려 마음이 불쾌해진다.

▨ 핑크색 옷을 입은 꿈은 / 다른 사람에게 사랑을 받거나 질병에 걸릴 염려도 있다.

▨ 벨트가 풀어지자 없어진 꿈은 / 압박받은 곳에서 해방되고 일의 청탁, 결연 등이 수포로 돌아간다.

▨ 상의를 잃어버려 찾지 못한 꿈은 / 상관, 동업자, 거래처 등에서 신용을 잃는다.

▨ 웨딩드레스를 입고 결혼식을 올린 꿈은 / 계모임, 동창회, 단체기관 등에서 자신이 주도권을 잡는다.

▨ 걸치고 있던 옷을 상대방에게 벗어준 꿈은 / 상대방이 책임을 대신 질 일이 생긴다.

▨ 옷을 우물가에서 세탁하는 꿈은 / 과거를 청산하고 새롭게 모든 일을 시작한다.

▨ 노란색이나 황금색 옷을 걸친 꿈은 / 남의 이목을 한몸에 받는다.

▨ 옷을 보자기에 싸고 있는 꿈은 / 많은 사람을 고용한다.

▨ 잠옷을 입은 꿈은 / 주택, 취지, 반려자 등을 얻는다.

▨ 예식장에 상복을 입은 사람이 나타난 꿈은 / 단체의 주도권을 잡

거나 돈을 지불할 일이 있다.

◎ 호주머니의 물건을 찾지 못한 꿈은 / 하고 있는 일이 안정을 찾지 못하고 갈팡질팡한다.

◎ 각기 다른 천으로 누덕누덕 옷을 기워 입은 꿈은 / 다른 사람의 도움으로 하고 있는 일을 계속 이어나간다.

◎ 흰눈같이 하얀옷을 입고 있는 꿈은 / 여러 방면으로 일이 순조롭게 풀린다.

◎ 양품점에서 옷을 산 꿈은 / 동업자, 신분증, 서적 등을 얻게 된다.

◎ 상대방이 어두운 옷을 입은 꿈은 / 상대방을 만났는데 그 사람에 대해서 정확한 기억을 할 수 없다.

◎ 옷 한 벌을 모두 갖추어 입은 꿈은 / 하는 일이 모두 만족스럽다.

◎ 예복, 관복 등의 옷을 얻은 꿈은 / 다른 사람을 통해서 은혜를 입거나 출세를 한다.

◎ 바지의 단추를 채웠는데 성기가 노출되어 감추려 하는 꿈은 / 자기의 주장을 너무 강하게 내세워 시비가 생긴다.

◎ 유니폼을 벗고 사복을 착용한 꿈은 / 어떤 단체에서 잠시 물러나게 된다.

◎ 속내의만 입고 걸어다니는 꿈은 / 하고 있는 일이 불안하거나 동업자의 혜택을 충분히 받지 못한다.

◎ 호주머니에서 권총이 생긴 꿈은 / 가까운 친척들이 여러 방면으로 도움을 많이 준다.

◎ 호주머니에 알밤을 넘치도록 주어담은 꿈은 / 입시, 고시, 입사 시험 등에서 좋은 성적을 거둔다.

◎ 벗어두었던 옷을 찾지 못한 꿈은 / 의지하고 있었던 곳에서 탈피

하고 근심 걱정이 사라지지 않는다.

▢ 옷이 물에 흠뻑 젖은 꿈은 / 신분, 사상 등이 크게 변하고 환경에 쉽게 적응한다.

▢ 외투를 벗어 옷걸이에 거는 꿈은 / 직접 영향을 받는 협조 기관, 동업자와 관계를 끊게 된다.

▢ 여러 사람이 수영복을 입고 있는 꿈은 / 이념 서적을 보거나 당선, 복권 등과 관계한다.

▢ 본인이 귀부인이 되어 검정 예복을 입고 대리석 궁전을 걸어다닌 꿈은 / 유산 상속 등으로 부귀로와지거나 결혼 생활이 유복해진다.

▢ 작업용 장갑을 세탁하는 꿈은 / 협조자와 일이 잘 안된다.

▢ 상대방이 비단보를 준 꿈은 / 진행 중이던 혼담이 성사된다.

▢ 검정옷을 세탁하여 걸어 놓는 꿈은 / 부모와 이별하게 된다.

▢ 관복과 활옷을 입은 꿈은 / 동업자, 결혼 상대자, 자손 등을 얻게 된다.

▢ 푸른색 계통의 옷을 입는 꿈은 / 성실한 사람을 만나게 된다.

▢ 낡은 옷을 입은 꿈은 / 질병에 걸리고 주택, 동업자, 신분 등이 쇠퇴한다.

▢ 여자의 옷을 벗기는 꿈은 / 차용증서, 문서 등을 다시 확인해 볼 일이 생긴다.

▢ 상대방이 회색옷을 입은 것을 본 꿈은 / 이중 성격을 가진 사람을 만난다.

▢ 투명한 옷을 걸치고 적진을 활보해도 알아보는 사람이 없는 꿈은 / 남의 눈을 피해서 염담하거나 교제한다.

▢ 양말, 버선, 스타킹 등을 벗어버린 꿈은 / 의지하고 있었던 여러

곳에서 인연을 끊거나 한동안 만나지 않는다.

◈ 임금이 입는 곤룡포를 입은 꿈은 / 사회적으로 세인들에게 인정을 받는다.

◈ 이유도 없이 옷을 갈기갈기 찢는 꿈은 / 직장, 동업자, 부부, 친척 등과 멀어진다.

◈ 장롱이나 가방에 여러가지 옷을 챙겨 넣거나 차곡차곡 쌓아 놓은 꿈은 / 주변에 있는 것을 정리 정돈하게 된다.

◈ 흰옷을 입는 꿈은 / 순진무구함을 나타내고 유산 상속자와 관련이 있다.

◈ 분비물이 묻어 있는 옷을 세탁한 꿈은 / 근심, 걱정이 해소되고 물적증거가 없어진다.

◈ 중환자가 새옷을 입고 집 주변을 돌아다니는 꿈은 / 그 사람 또는 그와 비슷한 사람이 화를 당한다.

◈ 여자의 옷을 천천히 벗기는 것을 본 꿈은 / 서적, 전문 분야의 내용을 읽거나 조사한다.

◈ 많은 사람이 흰옷을 입고 서성거리는 것을 본 꿈은 / 자기의 잘못이 남을 통해서 증명된다.

◈ 누런 비옷을 입은 꿈은 / 여러 방면으로 유산 상속을 받는다.

◈ 친구의 계급장에 붉은 바탕에 많은 별이 달려있는 꿈은 / 붉은 바탕에 노란 무늬가 박힌 옷을 입은 사람을 만나게 된다.

◈ 붉은 관복을 입은 꿈은 / 사회 생활에서 다른 사람이 자신을 인정해 준다.

◈ 여자가 자신의 목에 넥타이를 매어준 꿈은 / 상대방이 자기의 의사를 잘 따라 주기를 바란다.

◩ 비단보에 그림과 글자가 수놓아져 있는 꿈은 / 자기의 사생활에 대해서 다른 사람이 시비를 걸어온다.

◩ 황금띠, 관대 등을 착용한 꿈은 / 취직이 되거나 자손을 많이 얻게 된다.

◩ 흰옷을 입은 많은 사람들이 모여서 쳐다보거나 엎드려 있는 꿈은 / 많은 군중들 가운데서 시비나 재판을 맡아 해결해 줄 일이 있다.

◩ 윗사람이 준 옷을 받는 꿈은 / 보상, 직장, 권리 등이 주어진다.

◩ 스승, 대통령, 신령적인 존재가 화려한 옷을 입은 것을 본 꿈은 / 은혜로운 일, 권위적인 일 등이 주어진다.

◩ 학자가 금화를 호주머니에 가득 주어 담은 꿈은 / 학식, 방도, 재물 등을 만족할 만큼 얻는다.

◩ 물 속에 들어가도 옷이 젖지 않는 꿈은 / 자기의 주장을 내세우지 못하고 주변 환경에 그대로 적응한다.

◩ 다듬질을 하는 꿈은 / 사업의 착수, 연마, 보완 등과 관계가 있다.

◩ 군복을 입지 않고 사복을 입은 꿈은 / 군인은 빠른 시일 내에 휴가를 나온다.

◩ 검정 치마에 해를 받았더니 오색 찬란한 속치마로 변한 꿈은 / 이것이 태몽이라면 일정한 시기가 지나면 남들이 자신을 인정해 줄 자손을 얻는다.

3) 화장품 · 화장도구

◩ 거울이 떨어지기나 지절로 깨진 꿈은 / 가깝게 지내던 사람과 멀어지게 된다.

◇ 거울 속에 비친 자신의 얼굴이 예뻐 보인 꿈은 / 젊고 예쁜 여자를 만나게 된다.

◇ 헝클어진 머리를 빗으로 빗는 꿈은 / 복잡한 일, 근심걱정 등이 제3자의 도움으로 원만하게 해결된다.

◇ 사랑하는 사람이 화장품을 사준 꿈은 / 상대방이 선물을 주거나 애정의 표시를 한다.

◇ 친구가 몰라보도록 화장을 짙하게 한 꿈은 / 다른 사람에게 주도권을 빼앗기고 사업체 간판, 명의 등이 바뀜을 본다.

◇ 거울에 아무것도 비쳐지지 않는 꿈은 / 먼 곳에서 반가운 소식이 온다.

◇ 머리 기름을 발라 머리에 윤기가 있는 꿈은 / 자신의 모습이 남에게 돋보이고 소원이 성취된다.

◇ 거울을 보면서 화장을 하는 꿈은 / 자기 이외에 다른 사람의 마음까지 움직이게 한다.

◇ 머리를 빗는데 비듬이나 이가 떨어진 꿈은 / 근심 걱정이 해소되고 미궁에 빠졌던 일이 순조롭게 풀린다.

◇ 빗으로 머리를 손질하는 꿈은 / 병을 치료하는 방법을 알게 된다.

◇ 화장이 지워져 흉하게 보인 꿈은 / 상대방을 미워하게 되고 간판, 벽화 등이 퇴색한 것을 보게 된다.

◇ 여러 종류의 화장품을 놓고 화장을 하는 꿈은 / 주변에 변화를 주거나 자신이 돋보이는 일이 있다.

◇ 자신의 얼굴을 거울에 비춰보니 검게 보인 꿈은 / 반갑지 않은 사람을 만나 기분이 불쾌해진다.

◇ 거울을 선물 받은 꿈은 / 이것이 태몽이라면 지식이 많고 사교술

에 능한 자손을 얻는다.

◻ **오색 찬란한 옷을 입고 거울을 본 꿈은** / 동업자, 반가운 사람 등을 만난다.

◻ **거울을 얻거나 남에게 선물 받은 꿈은** / 상대방에 대해서 관심을 갖게되며 그 사람에 대해서 알려고 한다.

4) 천 · 실 · 염색 · 재봉

◻ **재봉틀을 사거나 집안에 들여 놓은 꿈은** / 일을 추진하거나 어떤 기관에서 많은 도움을 준다.

◻ **가구나 집안에 페인트칠을 한 꿈은** / 간판의 명칭을 바꾸거나 사업의 변경이 있다.

◻ **다른 사람이 준 실꾸러미를 가지고 있는 꿈은** / 계획한 일, 질병 등이 오래 간다.

◻ **옷을 세탁하고 다른 색으로 물들이는 꿈은** / 사업 내용, 경영 방침 등을 변경시키고 직장을 옮기게 된다.

◻ **바늘에 손가락을 찔린 꿈은** / 사업상 여러번 고비를 겪고 반성할 일이 있다.

◻ **바늘을 잃어버려 찾지 못한 꿈은** / 하고 있는 일이 계획한대로 이루지 못하고 중간에서 중지된다.

◻ **양복감이나 비단 옷감을 사온 꿈은** / 동산, 부동산, 재물 등을 나타낸다.

◻ **손발에 인쇄 물감이 묻어 잘 씻기지 않는 꿈은** / 계약이 이루어지고 사상, 행적 등에서 이탈할 수 없다.

◻ 옷감을 필로 들여오거나 수북이 쌓아 놓은 것을 본 꿈은 / 권리, 토지, 재물 등을 얻어서 풍족하다.

◻ 솜, 털, 고치 등으로 실을 자아내는 것을 본 꿈은 / 근심 걱정을 해소시키지 못한다.

◻ 옷을 염색소로 들고 가는 꿈은 / 종교 단체에 가입하거나 교도소에 갈 일이 있다.

◻ 바늘에 꿰인 실의 꿈은 / 단체, 결혼, 시간, 연결 등을 일반적으로 나타낸다.

◻ 색실로 옷감에 수를 놓은 꿈은 / 상대방에게 애정을 표시하거나 구혼을 받을 일이 생긴다.

◻ 화가가 캔버스에 채색한 것을 본 꿈은 / 주변에서 일어난 일을 기록해 놓는다.

◻ 양복점 재단사가 재단을 한 꿈은 / 어떤 기관의 고용인이 다른 사람에게 청탁할 일이 있다.

◻ 바늘이 하늘에서 무수히 쏟아져 옷에 박힌 꿈은 / 자기가 한 일에 대해서 많은 사람들이 평가를 해준다.

5) 소지품

◻ 안경의 꿈은 / 일반적으로 동업자, 지혜, 통찰력, 선전 등의 일을 나타낸다.

◻ 안경 쓴 사람과 마주 본 꿈은 / 상내방이 자기에 관해서 여러모로 알려고 한다.

◻ 벗어 놓은 안경을 다시 쓴 꿈은 / 동업자를 만나 도움을 받는다.

◪ 여자가 수건을 쓰고 앉아 있는 것을 본 꿈은 / 자기의 주장을 다른 사람이 받아주지 않는다.

◪ 우체부가 들고 오는 가방이 열려 있는 꿈은 / 여러 곳에서 소식이나 편지가 온다.

◪ 담배꽁초를 버린 곳에서 불이 난 꿈은 / 고민하고 있던 일이 순조롭게 풀린다.

◪ 상아로 된 파이프를 가지고 있는 꿈은 / 사회적으로 인정을 받거나 좋은 작품을 쓴다.

◪ 손수건을 새로 구입하거나 만든 꿈은 / 고용인, 가정부 등을 구하거나 계약서를 쓸 일이 생긴다.

◪ 쌍지팡이를 짚고 걷는 꿈은 / 동업자와의 일이 잘 해결된다.

◪ 무거운 책가방을 방에다 놓고 나온 꿈은 / 근심 걱정이 해소된다.

◪ 성냥갑이 젖어 부뚜막에 말린 꿈은 / 다른 사람에게 일을 청탁할 일이 있다.

◪ 시계를 선물받은 꿈은 / 동업자, 재물, 직장 등을 얻는다.

◪ 지팡이로 옆에 있는 사람을 때린 꿈은 / 하고 있는 일에 압력을 받거나 그 일로 시비가 생긴다.

◪ 망원경을 통해 무언가를 보려다 육안으로 본 꿈은 / 남을 통해서 일을 하지 않고 직접 나서서 일을 처리한다.

◪ 연못 속에 꽂혀 있는 지팡이를 얻어 사용한 꿈은 / 어떤 단체에서 자신에게 임무를 부여한다.

◪ 담배를 남에게 주어 피우는 것을 본 꿈은 / 자기가 원하는 것을 남이 반드시 들어준다.

◪ 리이디를 남에게 준 꿈은 / 하고 싶은 일이 뜻대로 이루어지지 않

는다.

◇ 남이 준 손수건을 받은 꿈은 / 남의 고용인이 되거나 도움을 받고 그의 뜻에 동조한다.

◇ 시계가 고장난 꿈은 / 집안 사람이 병들거나 사업이 부진해지고 교통사고를 당할 일이 있다.

◇ 승리라고 쓴 수건을 머리에 동여맨 꿈은 / 정신적으로 어려운 문제에 부딪히지만 잘 극복해 나간다.

◇ 재떨이를 얻은 꿈은 / 이것이 태몽이라면 카운셀러나 경리 등에 관계된 직업을 가진 자손을 얻는다.

◇ 담배대를 새로 산 꿈은 / 직장이 알선되거나 사업을 시작한다.

◇ 안경을 새로 구입해서 쓴 꿈은 / 주변에 있는 모든 것이 새롭게 단장된다.

◇ 망원경을 통해 먼 곳의 광경을 가깝게 본 꿈은 / 미래의 일을 알거나 먼 곳에서 소식이 온다.

◇ 신분증을 제시하고 검문소를 통과한 꿈은 / 증명서를 남에게 보여주거나 정신적, 육체적 고통에서 해방된다.

◇ 심지, 휘발유, 라이터의 돌 중 어느 한가지라도 없어서 불을 켜지 못했던 꿈은 / 남에게 부탁을 하지만 상대방이 들어주지 않는다.

◇ 시계가 소포로 발송된 꿈은 / 주어진 임무를 성실하게 수행한다.

◇ 미혼녀가 재떨이를 얻은 꿈은 / 자신을 잘 이해해주고 어려운 일을 같이 풀어나갈 남성을 만난다.

◇ 금테안경을 쓴 꿈은 / 어떤 단체에서 자신을 인정해 준다.

◇ 지갑에 지폐가 가득 들어 있는 꿈은 / 여러 방면으로 만족할만한 재물이 생긴다.

◩ 담배를 상대방에게 준 꿈은 / 상대방의 소원을 충족시켜 주므로 자기에게 손실이 온다.

◩ 큰 시계를 팔목에 차지 못하고 배에 찬 꿈은 / 주도권, 사업체, 생활 능력 등을 소유한다.

◩ 지팡이의 형태가 갑자기 변한 꿈은 / 권력, 지휘능력 등이 확장됨을 나타낸다.

◩ 여러 사람들이 수건을 동여매고 뛰는 것을 본 꿈은 / 남의 명령에 굴복하고 자기 주장을 내세우는 사람을 접하게 된다.

◩ 가방 속에 문서가 수북이 쌓인 꿈은 / 하고 있는 일이 계획대로 잘 추진된다.

◩ 선글라스를 낀 사람을 본 꿈은 / 이중인격을 나타내는 사람과 접하게 된다.

◩ 얼굴을 접수계에 내밀고 들어가게 해달라고 한 꿈은 / 신상카드를 어느 기관에 제출하고 결과가 나오기를 기다린다.

◩ 수건을 어깨에 둘렀는데 그 자락이 손까지 처져있는 꿈은 / 많은 사람들이 자신의 직업을 인정해 준다.

제 6 장
하늘·땅·기상 등의 천체에 관한 꿈

1) 하 늘

◇ 하늘의 문이 열렸다가 닫힌 것을 본 꿈은 / 연구하던 일의 결과를 얻거나 승진을 하게 된다.

◇ 뇌성과 함께 나타난 무지개를 본 꿈은 / 은근히 걱정하고 있던 국가적인 일이 현실로 나타나게 된다.

◇ 티없이 맑은 하늘을 오랫동안 바라본 꿈은 / 기원하던 일이 자기 뜻대로 이루어진다.

◇ 공중에서 나는 큰소리를 들은 꿈은 / 국가적으로 좋지 않은 일이 일어난다.

◇ 하늘이 무너지거나 두갈래로 갈라져서 깜짝 놀랐던 꿈은 / 인연을 맺고 있었던 사람과 헤어지거나 주위에서 좋지 않은 변화가 일어나게 된다.

◇ 자신이 하늘에 오른 꿈은 / 하는 일마다 순조로워서 성공을 하게 되며 명예도 따라서 많은 사람들이 우러러본다.

◇ 하늘의 문을 통해서 하늘로 들어간 꿈은 / 생애 최고의 목직이 달

성되며 명예로운 자리에 추대된다.

◻ 하늘에서 사람들의 음성이 들렸던 꿈은 / 자신과 관련된 여러가지
의 일이 우호죽순 격으로 일어나게 된다.

◻ 용이 승천한 뒤 용이 있던 자리에 교회가 생긴 꿈은 / 사회사업을
할 일이 생기고 그 일을 기꺼이 받아들이게 된다.

◻ 어떤 물체가 허공에서 완전히 분해되어 버린 것을 본 꿈은 / 형제
처럼 지내던 사람이 사망 또는 행방불명 되거나 하던 사업이 큰 타
격을 입게 된다.

2) 눈과 비

◻눈에 찍힌 발자국을 그대로 따라간 꿈은 / 사회적으로 지도자격인
사람의 동상을 세우는 등 그 업적을 기리게 되고 추종할 일이 생긴
다.

◻ 폭설이 쏟아져 수많은 건물이 내려 않는 것을 목격한 꿈은 / 자기
가 하고 있는 개인적인 일에 국가가 협조해서 크게 번창하게 된다.

◻ 눈 위에서 썰매나 스키를 탄 꿈은 / 사업가는 사업이 급속도로 성
장하게 되고 취직, 시험 등에 좋은 소식을 듣게 된다.

◻ 함박눈을 맞으며 한없이 걸었던 꿈은 / 국가의 지원을 받게 되며
법을 지켜야 할 일과 직면하게 된다.

◻ 눈사태 등이 일어나서 건물의 일부가 부서져나간 것을 본 꿈은 /
시험에 떨어지거나 하던 일이 실패해서 의욕을 상실하게 된다.

◻ 눈을 맞으며 걷는 사람을 본 꿈은 / 집인 사람 중에서 누군가가
죽게 되며 고소당할 일이 생기게 된다.

◈ 목욕을 하는데 수온이 급격히 내려가서 몸이 꽁꽁 얼어버린 꿈은 / 하는 일마다 승승장구해서 만족감을 맛보게 된다.

◈ 얼음을 깨고 그 물 속에서 목욕을 하는데 물이 따뜻했던 꿈은 / 헤어나기 어려웠던 일이 슬슬 풀려서 고민이 사라지게 된다.

◈ 우박이 눈처럼 쌓인 것을 본 꿈은 / 물질적으로나 정신적으로 큰 만족감을 얻을 일과 직면하게 된다.

◈ 싸라기 눈이 내리는 것을 본 꿈은 / 일같지도 않은 일들이 얼키고 설켜서 복잡한 마음이 사라지지 않는다.

◈ 비가 와서 말랐던 논에 물이 가득 고인 꿈은 / 재물이 생기거나 막강한 세력을 얻게 된다.

◈ 살얼음이 얼어 있는 것을 본 꿈은 / 오랜 세월이 지난 후에 결과를 보게 될일을 하게 된다.

◈ 말리기 위해 헤쳐놓은 물건 위에 빗방울이 떨어진 꿈은 / 남의 물건을 빌려 주거나 빚을 주고 떼이게 된다.

◈ 비가 내리는데 그 속에 눈이 섞여있는 꿈은 / 하는 일마다 두마리의 토끼를 쫓는 꼴이 되어 일이 이루어지지 않는다.

◈ 비를 피하기 위해 처마밑으로 들어간 꿈은 / 시비를 걸어오는 사람이 있거나 사회적인 제재를 받을 일이 있어도 순조롭게 피해간다.

◈ 강가에 널려 있는 조약돌 위에 비가 내리는 걸 본 꿈은 / 자기가 일에 대해 타인으로부터 칭찬을 받거나 작품전에 출품한 작품이 입상을 하게 된다.

◈ 유리창문으로 빗방울이 거세게 들이친 것을 본 꿈은 / 자신의 신분이나 실력을 많은 사람들로부터 인정받게 된다.

3) 벼락 · 천둥 · 번개

◇ **벼락을 맞아 죽는 꿈은**/국가나 사회적으로 명성을 얻거나 보상을 받을 일이 생긴다.

◇ **나무가 벼락을 맞아 꺾어진 것을 본 꿈은**/사업에 큰 타격을 입거나 추진중인 일이 잘 풀리지 않는다.

◇ **벼락이 떨어졌는데 그 벼락이 공처럼 땅위에서 굴러다니는 걸 본 꿈은**/응시한 시험에 합격하거나 감히 상상도 할 수 없었던 일을 성사시켜 많은 사람들로부터 칭송을 듣게 된다.

◇ **길을 가는데 벼락이 등에 떨어진 꿈은**/사업의 동업자나 자신을 협조해 주던 사람에게 좋은 일이 일어난다.

◇ **맑은 날씨인데도 천둥소리가 요란한 꿈은**/톱뉴스를 듣게 되거나 누구로부터 경고당할 일이 생긴다.

◇ **어디인지는 모르지만 멀리 떨어진 곳에서 천둥소리가 희미하게 들렸던 꿈은**/멀리 떨어진 곳, 즉 외국 등지에서 무슨 소식이 오게 된다.

◇ **번개가 온누리를 밝게 했던 꿈은**/막혔던 일이 슬슬 풀리고 기쁜 소식까지 듣게 된다.

4) 해

◇ **해가 두쪽으로 갈라진 것을 본 꿈은**/집안에 분열이 생기거나 자기와 관계된 단체 등에서도 분열이 생기게 된다.

◇ **해를 단숨에 꿀꺽 삼켜버린 꿈은**/어느 모임이나 단체에서 지도

자격의 자리에 앉게 된다.

◪ 해를 향해서 경건한 마음으로 절을 한 꿈은 / 국가기관에 부탁할 일이 생기고 그 부탁이 받아들여져서 어떤 이득을 취하게 된다.

◪ 해를 삼켰는데 그것이 태몽인 꿈은 / 명예나 권력 중 하나를 움켜쥘 인물이 태어나게 된다.

◪ 두 개의 해가 나란히 떠 있는 꿈은 / 어떤 일에 부딪히든 두 갈래의 길이 있으며 진행방향도 마찬가지이다.

◪ 떨어진 해를 받아서 안고 방으로 들어간 꿈은 / 초년, 중년은 지극히 평범하나 늘그막에 부귀영화를 누리게 된다.

◪ 강에서 해가 떠오르는 것 같았는데 눈깜짝할 사이에 중천까지 치솟아 있는 것을 본 꿈은 / 모자가 이별을 하나 자식이 성공한 다음에 다시 만나게 된다.

◪ 해가 지붕에 떨어져서 데굴데굴 구르는데 그것이 태몽인 꿈은 / 예술가나 과학자가 되어 세계에 그 이름을 떨칠만한 아이가 태어나게 된다.

◪ 햇빛이 유난히 따사롭다고 느낀 꿈은 / 누군가를 위해 사랑과 자비를 베풀 일이 생긴다.

◪ 해가 둥글지 않고 찌그러져 있는 것을 본 꿈은 / 현재 추진하고 있는 일에 발전이 없다.

◪ 햇빛이 자기 몸을 감싸고 있었던 꿈은 / 병에 걸려 있는 사람은 치료가 되며 직장인은 진급이 되고 계획했던 일은 성공을 거두게 된다.

◪ 떨어지는 해를 치마폭으로 받있는데 그것이 태몽인 꿈은 / 국가와 사회를 위해 헌신적으로 일할 사람이 태어난다.

◪ 상식적으로는 햇빛이 들 수 없는 방 등에 햇빛이 밝게 비친 꿈은

/ 남에게 축하받을 일이 생기며 영광스러운 일이 생기게 된다.

◈ 손으로 해를 움켜잡았는데 그것이 태몽인 꿈은 / 일 자체가 크건 작건 우두머리가 될 아이가 태어나게 된다.

5) 달·별

◈ 물 속에 비친 달을 본 꿈은 / 사회적으로 유명한 사람과 접촉을 가지게 된다.

◈ 달을 품에 꼬옥 안은 꿈은 / 결혼할 상대자가 나타나게 된다.

◈ 방으로 달빛이 들어와 대낮처럼 밝았던 꿈은 / 집에 경사가 생기고 기쁜 소식이 오며 걱정하고 있었던 일이 말끔히 해결된다.

◈ 하늘에서 달이 떨어졌는데 흔적도 없이 사라져버린 꿈은 / 사회적으로 유명한 지도자급 인사가 사망하게 된다.

◈ 달을 바라보며 술을 한잔 마신 꿈은 / 막중한 책임이 주어지거나 어떤 일을 했을 때 큰 성과를 거두게 된다.

◈ 둥근 보름달이 아닌 기타의 달을 본 꿈은 / 자신과 관계된 일 중에서 일부분을 여러 사람에게 공개할 일이 생긴다.

◈ 경건한 마음으로 달을 향해 절을 한 꿈은 / 상급기관이나 상사에게 무슨 일을 부탁할 일이 생기며 그 일이 해결된다.

◈ 달무리가 무지개처럼 찬란하게 보인 꿈은 / 부부사이가 매우 호전되어 행복해지며 남에게 자랑할만한 일이 생기게 된다.

◈ 어두컴컴한 달밤에 상가집을 간 꿈은 / 원수처럼 지내거나 사이가 좋지 않았던 사람과 진지하게 상의할 일이 생긴다.

◈ 샛별이 유난히 찬란하게 빛나고 있는 걸 본 꿈은 / 이름을 날릴

일이 생기거나 사업을 권장하는 사람이 나타나게 된다.

◇ **별이 낙엽처럼 떨어진 걸 본 꿈은** / 사업상 손해를 입을 일이 생기거나 개혁을 단행할 일이 생긴다.

◇ **고정되어 있던 별 몇 개가 갑자기 날아다니는 꿈은** / 동반자가 바람을 피울 일이 생긴다.

◇ **많은 별 속에서 유난히 밝게 빛나는 별을 본 꿈은** / 어떤 단체에서 최고 높은 자리에 앉게 되거나 자기 작품에 대해 좋은 평가를 받게 된다.

◇ **동쪽하늘에서 밝은 별이 세차례 반짝거리다가 사라지고 그곳으로 비행물체가 지나가는 걸 본 꿈은** / 거의 비슷한 일을 세차례 겪고 난 다음 좋은 일을 얻게 된다.

◇ **자신이 별 네개를 단 대장이 된 꿈은** / 사회적으로 적어도 네가지 이상의 공로를 세워서 각종 단체의 우두머리로 추대된다.

◇ **하늘에서 무수한 별이 쏟아져 땅에 쌓인 꿈은** / 연구자료를 수집할 일이 생기거나 창작품을 발표하게 된다.

◇ **밤하늘에 유난히 많은 별이 네온사인처럼 요란하게 빛난 꿈은** / 하는 일마다 만사형통하며 많은 사람들로부터 인정을 받게 된다.

6) 무지개

◇ **나무나 꽃 등의 식물에서 찬란한 빛이 피어오르는 꿈은** / 어려운 일을 쉽게 처리하게 되거나 부귀영화를 누리게 된다.

◇ **자기 집에서 무지개가 피어오르는 꿈은** / 진행 중이던 혼담이 성사되거나 멀리 객지에 나갔던 가족이 무사히 귀환하게 된다.

▨ 조명기구, 네온사인 등이 오색찬란하게 빛을 발하고 있는 것을 본 꿈은 / 명예로운 일이나 경사스러운 일이 생기게 된다.

▨ 불상이나 성모상 등 신령적인 물체에서 빛이 발산된 꿈은 / 종교적 지도자나 위인으로 일컬어지는 사람과 관계하게 되며 종교성을 띤 작품과도 인연을 갖게 된다.

▨ 찬란하던 무지개가 갑자기 희미해지거나 중앙이 끊어진 꿈은 / 기대했던 일이 깨어지거나 약속이 취소되는 등 좋지않은 일과 관계한다.

▨ 어떤 물체에서 무지개빛이 자꾸만 새는 꿈은 / 갈팡질팡하던 일에 어떤 결정을 내리게 되고 남의 입에 자신의 이름이 오르내리게 된다.

7) 안개 · 구름

▨ 하늘로 승천한 용이 구름 속으로 모습을 감춘 꿈은 / 국가와 관계되는 기관에서 중요한 직책을 맡게 된다.

▨ 하늘의 구름이 서서히 노란색으로 변한 꿈은 / 명예로운 일과 재물을 한꺼번에 얻게 된다.

▨ 신선처럼 구름을 타고 다닌 꿈은 / 어떤 모임이나 단체에서 최고의 자리에 앉게 되며 현재 하고 있는 사업도 승승장구한다.

▨ 청천하늘이 갑자기 흐려지며 밤처럼 어둡게 변한 꿈은 / 나라에 큰 혼란이 일어나 시끄러워지게 된다.

▨ 휘황찬란한 오색구름을 본 꿈은 / 모든 사람들이 부러워하고 긍정적인 생각으로 받아들일 사업을 벌이게 된다.

▨ 안개가 산뜩 끼어서 사물의 형체를 알아볼 수가 없는 꿈은 / 질병

에 걸리거나 재난을 당하고 걱정거리가 생기게 된다.

◇ 빨갛게 타는 저녁노을을 바라보고 있었던 꿈은 / 오래 사귀다보면 크나큰 도움을 줄 사람과 만나게 된다.

◇ 먹구름이 끼고 연속으로 번개가 치는 꿈은 / 어떤 회사에서 귀찮을 정도로 입사를 권고하거나 신문지상 등에 자기에 대한 좋은 기사가 실리게 된다.

◇ 넓은 하늘에 온통 먹구름 뿐이었던 꿈은 / 무슨 일을 하든 불쾌감과 불만감이 동반하게 된다.

8) 바람

◇ 순풍이 불어서 돛단배가 순항을 한 꿈은 / 관가 등의 힘있는 협조세력의 도움을 받아 하고 있는 사업이 날로 번창한다.

◇ 태풍이 불어서 무수한 나무가 꺾어진 꿈은 / 친분이 두터운 훌륭한 인재나 재산이 외부의 압력을 받아 사망하거나 없어지게 된다.

◇ 태풍이 불어 바닷물이 뒤집히거나 육지의 온갖 식물이 꺾어지는 등 아수라장이 된 꿈은 / 자신의 능력이나 재산 따위를 자랑하다가 봉변을 당하거나 몰락하게 된다.

◇ 불상이 있는 곳으로 매운 바람이 몰아치는 꿈은 / 사회적으로 유명한 종교인과 관계를 맺게 된다.

◇ 바람을 일으키는 기구를 사용한 꿈은 / 모든 면에서 도움을 받을 수 있는 협조기관과 유대를 맺게 되다

◇ 태풍이 부는 가운데에서도 작업을 한 꿈은 / 권력기관의 간섭에 의해 진행중인 일이 중단되어 좌절감을 맛보게 된다.

◇ 바람이 거세게 불어 흙이나 돌멩이 등이 날아다녔던 꿈은 / 신앙적인 기적이 일어나는 것을 목격하게 된다.

◇ 불이 난 현장에 바람이 몰아붙혀 불길이 거세어진 꿈은 / 여러 방면으로부터 도움을 받아 사업 등이 불길처럼 번창한다.

◇ 비바람이 무서움을 느낄 정도로 세차게 몰아친 꿈은 / 사회에 커다란 혼란이 일어나거나 개인적으로는 질병에 걸리기 쉽고 까닭도 없이 불안에 떨게 된다.

◇ 의복이나 소지품이 바람에 날린 꿈은 / 외부의 간섭으로 인해 손해를 입게 되며 해결할 수 없는 일을 다른 사람에게 부탁하게 된다.

제 7 장
사람이나 직업에 관한 꿈

1) 가 족

◇ 지난날 자기에게 불리하게 대했던 사람이 나타난 꿈은 / 일반적으로 비협조적이고 방해적인 인물을 만나게 된다.

◇ 삼촌집에서 친구집으로 가는 꿈은 / 직장을 다른 곳으로 옮긴다.

◇ 짝사랑에 빠졌던 여자가 자기 품에 안기는 꿈은 / 동업자와 일을 착수하나 뜻대로 해결되지 않는다.

◇ 객지 생활하는 사람에게 가족이 보인 꿈은 / 가족에게 화근이 생기는 것이 아니라 직장일과 관련이 있다.

◇ 꿈 속에서 또 다른 자신의 꿈은 / 자신의 작품, 가족, 동업자 등을 일반적으로 나타낸다.

◇ 별거중인 가족과 함께 있는 꿈은 / 일반적으로 직장 또는 일을 부탁한 어떤 기관의 내부 사람들을 만나게 된다.

◇ 한 자리에 여러 세대가 모인 꿈은 / 자신의 일에 일일이 간섭하는 사람이 나타나게 된다.

◇ 자기의 모습이 희미하게 인식되는 꿈은 / 자기의 작품에서, 작품

의 이미지, 작중 인물의 성격 등을 정확히 구분을 못한다.

◇ 주변 사람들 중에서 평소 자신에게 도움을 준 사람을 본 꿈은 /
자신에게 협조적으로 도와줄 사람이 나타나게 된다.

◇ 근친상간을 했는데 떳떳하게 행동했던 꿈은 / 가까운 사람이 어떤
일거리를 가지고 찾아오게 된다.

◇ 낮에 못다한 연애를 꿈 속에서 계속하는 꿈은 / 다른 사람과 상관
없이 자기 소신껏 일해도 좋은 결과를 얻게 된다.

2) 꿈 속에 나타난 사람

◇ 일거리의 상징물로서 남녀의 꿈은 / 각자 남녀가 맡은 것을 구분
해서 일을 한다.

◇ 꿈 속에 나타난 사람이 희미하게 보인 꿈은 / 기억의 부실로 불분
명한 사람, 일거리, 사건 등과 관계해서 불이익을 당할 일과 관계하
게 된다.

◇ 사원들이 백발이 성성한 노인으로 변해 있는 꿈은 / 사원들이 매
우 고달픈 일에 몰두해 있다는 것을 알게 된다.

◇ 꿈에 나타난 상대방을 잘 기억하지 못하는 꿈은 / 자기와의 친분
관계, 얼굴의 표정, 장소와 사건 등을 고려해서 그가 현실의 누구라
는 것을 알 수가 있다.

◇ 어떤 남성을 여성으로 동일시하는 꿈은 / 그의 성격이 여성적이고,
용모가 여자같을 때, 자애로움이 있을 때, 이중 인격을 보일 때 등을
나타낸다.

◇ 사실석이거나 투시석인 꿈은 / 꿈 속에 나타난 그 사림을 비래의
현실에서 실제로 상관하게 된다.

◎ 어떤 일거리와 상관된 상대방의 연령의 꿈은 / 하고 있는 일이 쉽게 해결되지 않는다.

3) 갓난아이

◎ 갓난아이를 안아준 꿈은 / 정신적인 일로 한 때 고민한다.

◎ 아이를 낳았는데 낳자마자 걸어다닌 것을 본 꿈은 / 어떤 작품이 출판되어 널리 보급된다.

◎ 갓난아이와 성교한 꿈은 / 유치한 사람과 협의하거나 동업할 일이 있고 완전하지 못한 일을 맡아 한다.

◎ 갓난아이를 죽인 꿈은 / 하고 있는 일이 성사되고 근심 걱정이 말끔히 해소된다.

◎ 수염이 길고 백발이 성성한 노인의 꿈은 / 사회적으로 존경받으며 인격의 소유자나 학자를 만나게 된다.

◎ 갓난아이를 안았거나 업은 여자가 따라온 꿈은 / 누군가가 하찮은 일로 시비를 걸어 말다툼을 하게 된다.

◎ 아이를 낳거나 낳는 것을 본 꿈은 / 일거리, 재물, 작품 등을 얻고 성사된다.

◎ 갓난아이를 때리는 것을 본 꿈은 / 하고 있는 일을 좀 더 변화있게 연구한다.

◎ 갓난아이가 똥오줌을 싸서 옷과 몸에 묻어 기분이 나빠진 꿈은 / 남에게 기분 나쁜 소리를 듣거니 창피당한다.

◎ 임신을 한 여자를 본 꿈은 / 어떤 일을 추진하고 그것에 대한 성과를 기다린다.

◻ 갓난아이의 알몸을 쓰다듬는 꿈은 / 기분 나쁜 일에 직면하거나 자위 행위를 할 일이 생긴다.

◻ 살아 있는 어른이 어린아이로 보인 꿈은 / 무슨 일을 하든 상대방의 행동을 자기와 비교하여 판단한다.

◻ 신령적인 존재가 어린애를 데려와 주거나 저절로 나타난 것을 본 꿈은 / 이것이 태몽이라면 장차 자라서 학문적으로 이름을 날린다.

◻ 어른인 자신이 꿈 속에서 학생이 되어 어른과 관계하는 꿈은 / 자기보다 모든 면에서 뛰어난 사람과 접하게 된다.

◻ 갓난아이의 시체가 관에 담겨진 것을 본 꿈은 / 자기가 하고 있는 일이 남을 통해서 인정을 받는다.

◻ 갓난아이의 똥을 손으로 주무른 꿈은 / 마음이 편안해지고 여러 방면으로 재물이 생긴다.

◻ 갓난아이가 출산되거나 여러 명 모여 있는 꿈은 / 성욕을 억제할 수 없거나 일거리가 많이 생긴다.

◻ 갓난아이가 자기 옆에서 사라져 버린 꿈은 / 근심 걱정이 해소된다.

4) 경관 · 신문기자 · 군인

◻ 적병에게 쫓기는 꿈은 / 질병에 걸리거나 계획했던 일을 성사시키지 못한다.

◻ 집에 신문기자가 방문한 꿈은 / 자신의 신변에 관해서 알려고 하는 사람이 있다.

◻ 자기 도장을 경찰관이 찍어간 꿈은 / 가정에 화근이 생긴다.

사람이나 직업에 관한 꿈 109

◻ 군인이 아닌 자신이 완전무장을 한 꿈은 / 어떤 단체에서 주도권을 쥐게 된다.

◻ 군복을 착용하고 적진을 향해 걷는 꿈은 / 어떤 기관에 의해서 사업, 일거리, 작품 등이 어려운 절차를 거치게 된다.

◻ 일반인이 장교가 된 꿈은 / 어떤 단체의 지도자가 되어 그 단체를 이끌어 나간다.

◻ 자신을 경찰관이 연행해 가는 꿈은 / 자신이 하고 있는 일을 제3자에 의해서 평가 받는다.

◻ 신문기자와 인터뷰를 한 꿈은 / 자신의 행동거지를 남에게 체크당하거나 행적, 업적 등을 누구에게 설명하게 된다.

◻ 경찰관이 집을 포위한 꿈은 / 남에게 부탁한 일이 성사 직전에 있거나 위험한 사건이 발생한다.

◻ 행진하는 군인들을 본 꿈은 / 계획하고 있는 일이 잘 추진된다.

◻ 전사자의 유골을 군인이 안고온 꿈은 / 하고 있는 일이 뜻대로 성취되어 세인의 주목을 받는다.

◻ 장교나 사령관에게 훈장을 받은 꿈은 / 명예가 주어지고, 기합이나 구타를 당하면 문책 또는 중대한 책임이 주어진다.

◻ 사복형사가 집안을 수색하는 꿈은 / 남에게 여러가지 질의응답을 받게 된다.

◻ 남을 살해하고 경관에게 쫓겨다닌 꿈은 / 입사 시험, 논문, 고시 등에서 낙방한다.

◻ 수갑을 친 채 끌러간 꿈은 / 취업, 실병, 숙음, 일의 성사 등을 나타낸다.

◻ 검문소에서 신분증을 제시한 꿈은 / 자신의 신분을 내세울 수 있

는 것을 자랑으로 삼을 일이 있다.

☒ 문학작품의 광고를 내려는 사람이 군대가 행진한 것을 본 꿈은 /
계획하고 있는 일이 뜻대로 추진된다.

☒ 경관이 총을 겨누자 공포에 떤 꿈은 / 심적 고통을 받는다.

☒ 적병을 차례차례로 총살한 꿈은 / 관청의 일이나 계획한 일 또는
침체된 일이 달성된다.

☒ 자기가 사진을 찍거나 녹음해가는 꿈은 / 다른 사람에게 자유를
구속 받는다.

☒ 호출장이나 영장을 경찰이 보낸 꿈은 / 당첨, 취직, 체포, 입원 등
의 통지서가 온다.

☒ 군인이 무기를 잃어 버린 꿈은 / 동업자나 일에 대한 방법과 추진
력을 잃게 된다.

5) 대중 · 예언자 · 무당 · 인물 · 합성동물

☒ 동물이 사람으로 변한 꿈은 / 미완성 된 일이 완성 단계에 이른다.

☒ 군중이 자기 옆을 걸어가는 꿈은 / 자기가 맡고 있는 일이 급속히
추진된다.

☒ 정신병자인 여자나 노인이 방안을 들여다 본 꿈은 / 갖은 질병에
시달린다.

☒ 많은 사람이 자기 주변에 함께 있는 꿈은 / 대중적이며 사회적인
일과 관련된다.

☒ 골상이나 수상을 관상가에게 본 꿈은 / 남에게 자기의 신변에 관

해서 의논하거나 설명한다.

◻ **많은 군중이 장례 행렬을 따르는 꿈은** / 자신의 공적을 많은 사람들이 인정해 준다.

◻ **공공단체에서 행진을 하는데 맨 앞에 서서 걸어간 꿈은** / 단체의 주도권을 잡거나 자신이 하는 일을 불안해 한다.

◻ **점장이나 예언자의 집을 찾아간 꿈은** / 자기와 상담할 수 있는 집을 찾거나 학문적 자료가 보관된 곳을 견학하거나 연구한다.

◻ **군중이 빙 둘러서서 무언가를 지켜본 꿈은** / 동일한 것을 연구하거나 쟁취하려고 한다.

◻ **황소만한 두 사람이 악수한 꿈은** / 여러 국가나 사회 단체 등이 통합된다.

◻ **앉은 키가 하늘에 닿고 수염이 강줄기처럼 긴 거인을 본 꿈은** / 사회적으로 인정받는 정치가나 학자를 만나게 된다.

◻ **보석을 스크린에 비쳐 점을 친 노인의 꿈은** / 학문적으로 심리 상태를 관찰하는 어떤 심리학자나 예언자를 나타낸다.

◻ **시위 군중 속에 끼어 자신이 시위를 한 꿈은** / 사회단체의 일원으로 당국에 청원할 일이 있다.

◻ **정신병자가 죽어 있는 꿈은** / 자기의 일을 남에게 과시한다.

◻ **호랑이가 사람으로, 뱀이 닭으로 돌변한 꿈은** / 어떤 일거리의 성격 변화, 일의 성사 여부 등을 나타낸다.

◻ **군중을 호령해서 행동하게 만든 꿈은** / 자기가 원하는 것이 뜻대로 이루어진다.

6) 공무원 · 통치가

☒ 대통령과 함께 나란히 걸어간 꿈은 / 자기가 가장 존경할 만한 사람과 동업을 하거나 같이 의논을 한다.

☒ 자신이 영부인이 되어 대통령을 따라가는 꿈은 / 남편이 하는 일을 도와주거나 사업체의 일원으로써 맡은 일에 성실하게 된다.

☒ 대통령의 거실로 따라들어간 꿈은 / 일의 성사, 진급, 권세 등의 일이 이루어진다.

☒ 국회의원 연설을 자세히 듣는 꿈은 / 자기의 신변에 관한 이야기를 남을 통해서 듣게 된다.

☒ 타국 대통령과 비행기를 함께 탈 샐러리맨의 꿈은 / 다른 회사의 사장이 자신을 발탁하여 그곳으로 스카웃 해간다.

☒ 왕이 베푼 만찬회에 초대된 꿈은 / 권위 있는 사람, 지도자가 베푸는 일, 회담 등에 참석한다.

☒ 재판관에게 사형 언도를 받는 꿈은 / 자기가 소원한 일이 뜻대로 성취된다.

☒ 대통령이 수행원과 함께 자기 집을 방문한 꿈은 / 어떤 단체나 기관에서 자기에게 막중한 책임을 맡긴다.

☒ 대통령의 의관이 단정하지 못한 꿈은 / 사회의 질서가 문란해지거나 집안 어른의 인격과 신분에 이상이 생긴다.

☒ 자신이 국가의 통치자가 된 꿈은 / 어떤 단체의 주도권을 잡거나 자기 일거리나 작품으로 세인의 관심거리가 된다.

☒ 재판을 받는데 방청객이 많이 몰린 꿈은 / 어떤 단체에서 설교와 설법을 들을 일, 선택할 일, 작품의 평가 등을 받을 일이 있다.

◻ 대통령의 표창을 받은 꿈은 / 어떤 단체에서 명예와 권리가 자신에게 주어진다.

◻ 자신이 대통령이 된 꿈은 / 어떤 기관의 지도자가 되며 명예나 권세가 주어진다.

◻ 준엄한 논고를 검사가 한 꿈은 / 자신이 하고 있는 일이 불안하거나 양심의 가책을 받는다.

◻ 수상이 되어 내각을 조직한 꿈은 / 어떤 조직체의 주도권을 잡게 된다.

◻ 음식을 대통령에게 대접한 꿈은 / 자기가 존경할 분에게 일거리를 부탁하고 청원할 일이 있다.

◻ 군중 속에서 대통령을 환영한 꿈은 / 국가 시책에 호응해서 좋은 일이 있다.

◻ 재판관이나 변호사에게 자기 신변에 관해서 이야기 한 꿈은 / 제 3자에게 무엇인가를 서로 의논하게 된다.

◻ 대통령이 자기 집을 방문하겠다고 길에서 약속받은 꿈은 / 자기에게 최대의 명예나 권리가 주어진다.

7) 도둑 · 창녀 · 거지 · 가정부 · 악한

◻ 악한이 무서워 도망친 꿈은 / 계획한 일이나 좋은 기회를 놓치고 좌절감에 빠진다.

◻ 일꾼이 정원을 청소한 것을 본 꿈은 / 자신에 관한 일을 제3자가 앞장서서 잘 처리해 준다.

◻ 도둑을 보고 두려워 하는 꿈은 / 어렵고 힘든 일에 직면한다.

◇ **악한을 처치한 꿈은**/곤란하고 쉽게 해결되지 않은 일이 풀리기 시작한다.

◇ **자신의 모습이 흉한 꿈은**/신분의 몰락, 고립 등의 일이 생긴다.

◇ **밀폐된 곳으로 안내원이 사라져 버린 꿈은**/어떤 모함에 빠지거나 억압 당한다.

◇ **창녀와 나란히 걷거나 노는 꿈은**/어떤 모임에서 술좌석을 벌이고 여자를 포옹할 일이 있다.

◇ **음식을 가정부가 가져다 준 꿈은**/어떤 기관의 실무자나 협조자가 자기에게 일을 맡긴다.

◇ **거지와 동행한 꿈은**/외로운 사람을 접하게 되고 개선돼야 할 일을 맡게 된다.

◇ **바위나 비석에 새겨진 이름을 본 꿈은**/어떤 기관의 간판 또는 칭호가 새롭게 바뀌게 된다.

◇ **구걸하는 거지에게 동냥을 한 꿈은**/근심 걱정이 모두 해소된다.

◇ **악한에게 여러번 시달리는 처녀의 꿈은**/미혼자는 여러 군데에서 혼담이 들어오지만 썩 마음에 내키지 않는다.

◇ **악한에게 살해되거나 상처를 입은 꿈은**/자기 일을 제3자에 의해서 평가를 받는다.

◇ **자신이 파출부나 식모가 된 꿈은**/미혼녀는 결혼식을 올리거나 취직이 된다.

8) 교직자 · 승려 · 죄수 · 신도 · 목사 · 학생

◇ **교실에서 수입을 받는 꿈은**/직장에서 상사에게 질못을 캐묻고

책망 받는다.

◇ 교실에서 자신의 책상과 걸상을 찾지 못한 꿈은 / 고시, 취직, 입시 등에서 실패한다.

◇ 명성을 떨친 목사와 함께 있거나 걸어간 꿈은 / 어떤 지도자나 학자와 접하고 감명깊은 책을 읽는다.

◇ 승려에게 시주한 꿈은 / 자신의 일을 제3자를 통해서 어떤 기관에 소청할 일이 있다.
◇ 불경책을 노승에게 받은 꿈은 / 여러 사람에게 자신을 인정받고 출세할 방도가 생긴다.

◇ 과거의 스승과 관계한 꿈은 / 은혜로운 협조자와 관계한다.

◇ 자신 앞에 많은 학생이 줄지어 있는 꿈은 / 하고 있는 일이 쉽게 추진되지 않는다.

◇ 신도에게 설교를 하거나 성경을 읽어준 꿈은 / 자기의 작품을 발표하거나 남을 설득할 일이 있다.

◇ 수녀원에 자신이 들어간 꿈은 / 학교, 직장, 교도소, 교회 등에 일이 있어서 가게 된다.

◇ 교직자가 교장과 교감을 본 꿈은 / 실제 인물이거나 학무 과장 등과 상담할 일이 생긴다.

◇ 학생이 존경할 수 없는 선생님을 본 꿈은 / 웃사람에게 책망을 듣거나 기분 나쁜 일이 생긴다.

◇ 고승을 직접 대한 꿈은 / 연구자, 스승, 회사 사장 등을 직접 상관하게 된다.

◇ 자기 설교에 많은 사람이 죽거나 잠든 꿈은 / 많은 사람이 자기를 따르게 되고 심복을 만들 수 있다.

◻ 자신이 과거의 학창시절로 돌아간 꿈은 / 하고 있는 일이 숙달되지 않아서 남의 도움을 받는다.

◻ 교장, 교감을 현역군인이 본 꿈은 / 사단장과 부사단장, 대대장 등과 접할 일이 생긴다.

◻ 스님이 문전에서 염불한 꿈은 / 이것이 태몽이라면 스님에게 시주를 해야 좋고 장차 학문 연구를 할 자손을 얻는다.

◻ 스님에게 잡곡을 시주한 꿈은 / 심사 과정에서 탈락하거나 학문 연구가 깊지 못함을 인정받는다.

◻ 파계승이라고 판단된 사람과 관계한 꿈은 / 부랑아, 천박한 사람, 신의없는 사람 등을 나타낸다.

◻ 은사가 들판길을 걷고 있는 꿈은 / 일이 독단적으로 풀리지 않고 협조자에 의해서 풀린다.

◻ 죄수복을 입은 꿈은 / 병원에 갈 일이나 자기 일거리, 자기 작품이 심사 대상이 된다.

◻ 단체로 학생을 움직이게 한 꿈은 / 많은 사람이 자기 뜻대로 따라주고 자기가 연구 과제를 발표한다.

9) 친척 · 친구 · 기타

◻ 전혀 모르는 사람이 나타나서 자신과 거래한 꿈은 / 제3자, 일거리, 실제로 만나게 될 사람, 다른 사람의 동일시 등을 나타낸다.

◻ 자신에게 충고한 친구의 꿈은 / 자기 아닌 또 하나의 자아를 발견한다.

◻ 길에서 잠깐 본 사람이 꿈 속에 자주 나타난 꿈은 / 자기와 비슷한 사람을 만나거나 현재의 주변 인물을 나타낸다.

제 8 장
음식물에 관한 꿈

1) 여러가지 음식

◇ 떡을 먹는 꿈은 / 재물이나 그와 관계된 일거리를 받게 된다.

◇ 떡을 여러 사람들에게 나누어 준 꿈은 / 어떤 소식이나 도서 등을 남에게 들려주거나 나누어 줄 일이 생긴다.

◇ 유가증권이란 생각이 들었던 음식물에 대한 꿈은 / 혼자서 외롭게 결정해야 할 일이 생긴다.

◇ 빵에 크림 종류 등을 발라서 먹은 꿈은 / 남들이 쳐다보지도 않던 일을 맡아 훌륭하게 가꾸어 놓는다.

◇ 임금님이 손수 따루어주는 술을 받아 마신 꿈은 / 중요한 직책의 자리에 앉게 되거나 명예가 뒤따르는 일을 맡게 된다.

◇ 삶거나 굽지 않은 날음식을 맛있게 먹은 꿈은 / 경험이나 지식이 없는 일을 처리해야 할 환경에 처하게 된다.

◇ 먹음직스러워보이던 음식이 갑자기 똥으로 변한 꿈은 / 전혀 노력을 하지 않았는데도 돈을 얻게 된다.

◇ 배가 고파서 음식점을 찾는데 끝내 찾지 못한 꿈은 / 현재 다니고

있는 회사에서 실직하여 남에게 취직을 부탁하게 된다.

◇ 남에게 빼앗길까봐 숨어서 살며시 음식물을 먹은 꿈은 / 어떤 일을 자기 혼자서 해결해야 된다.

◇ 음식물을 여러 사람과 나누어 먹은 꿈은 / 여러 사람이 협력해서 처리해야 할 일이 생긴다.

◇ 과일이나 과자 등을 바라보기만하고 먹지는 않았던 꿈은 / 남이 하고 있는 일에 참여하고 싶지만 여건이 맞지 않아 그저 바라보기만 할 일이 생긴다.

◇ 음식물을 유난히 꼭꼭 씹어먹었는데 그것이 태몽인 꿈은 / 임신 중에 유산이 되거나 정상적으로 태어나기가 어렵다.

◇ 잔치집 등에 많은 사람들이 모여 음식물을 먹는 꿈은 / 동창회 등 많은 사람들이 모이는 모임에 참석하게 된다.

◇ 누군가로부터 음식대접을 받은 꿈은 / 고용인이 되어 주인을 모실 일이 생기거나 어떤 일의 책임주로 지목을 받게 된다.

◇ 호도 등을 한입에 깨물어 먹은 꿈은 / 어떤 일을 진행하든 큰 성과를 얻게 된다.

◇ 엽차 등의 차종류를 마신 꿈은 / 누구에게 부탁을 받거나 반대로 부탁할 일이 생기게 된다.

◇ 남이 따루어주는 술을 받아 단숨에 마셔버린 꿈은 / 교활한 계교에 빠지거나 누가 명령한 일에 복종한 후 정신적으로 시달리게 된다.

◇ 썩어서 심한 냄새가 나는 음식물을 먹은 꿈은 / 어떤 일을 하든 결과는 헛수고가 되어 심한 불쾌감을 경험하게 된다.

◇ 어린아이들이 좋아하는 사탕 종류를 먹은 꿈은 / 평소에 하고 싶었던 일을 하게 되거나 작은 소원이 이루어지게 된다.

◇ 정부 고관이나 그의 비서늘에게 술내접을 한 꿈은 / 유명인사나

어떤 회사의 간부사원에게 취직 청탁을 할 기회가 주어진다.

▣ 큰 시루에 가득 담긴 떡을 한꺼번에 남김없이 먹어버렸는데 그것이 태몽인 꿈은 / 태어나는 아이가 성장하면 모든 면에서 부족한 것이 없으며 세상에 이름을 떨치게 된다.

▣ 우유를 벌컥벌컥 마신 꿈은 / 책임을 맡을 일이 생기고 남과 상의해서 일을 추진하면 결과가 좋게 나타난다.

▣ 밥상을 받았는데 밥은 없고 반찬만 즐비한 꿈은 / 무슨 일을 하든 중심에 들지 못하고 수박 겉핥기 식으로 사소한 곳에만 정신을 집중하게 된다.

▣ 고기국에 건더기는 한 점도 없고 국물만 있는데 그것을 먹은 꿈은 / 정열적으로 일을 해놓고도 거기에 대한 댓가를 충분히 보상받지 못하게 된다.

▣ 국수와 같이 가닥으로 되어 있는 밀가루 음식을 먹은 꿈은 / 심한 파벌체제로 운영되어 오던 어떤 단체가 결합을 하는데 크게 기여하거나 가벼운 감기증세로 앓게 된다.

▣ 냉면을 맛있게 먹은 꿈은 / 걱정을 해도 뾰족한 수가 생기지 않아서 방치해 두었던 문제가 시원스럽게 해결된다.

▣ 유난스럽게 매끄러운 미역국을 먹은 꿈은 / 입시, 취직시험 등에 낙방하며 무슨 일을 하든 계획에 차질이 생기게 된다.

▣ 음식의 종류도 모르면서 닥치는대로 먹어치웠는데 그것이 태몽인 꿈은 / 무슨 일을 맡겨도 시원스럽게 해결해 내는 능력을 가진 아이가 태어나게 된다.

▣ 남에게 음식을 대접한 꿈은 / 남에게 부탁하거나 지시할 일이 생기며 자신의 뜻대로 일해 줄 사람을 얻게 된다.

▣ 누군가와 겸상을 해서 음식물을 먹은 꿈은 / 혼담이나 계약 등이

시원스럽게 이루어지고 여러 사람이 모여 무슨 일을 의논해도 의견이 일치된다.

◇ 세계 여러나라의 각료들이 모인 만찬회석상에 자신이 참석하여 함께 음식을 먹은 꿈은 / 저명인사나 문학단체에서 행하는 파티나 세미나 등에 초대받을 일이 생긴다.

◇ 부엌에서 음식을 열심히 만든 꿈은 / 하고 있는 일을 재점검하거나 무언가를 만들 일이 생긴다.

◇ 애인과 함께 중국집에서 음식을 먹은 꿈은 / 혼담에 좋지 않은 문제가 생기거나 사업상의 일에도 의견이 서로 엇갈려 불이익을 당하게 된다.

◇ 음식물을 전혀 씹지 않고 삼킨 꿈은 / 일거리가 쇄도하게 되며 많은 재물이 생겨 저축을 하게 된다.

◇ 야외에서 식사를 한 꿈은 / 외교적인 일을 하거나 외근을 해야 하는 부서로 발령을 받게 된다.

◇ 진수성찬으로 차려진 음식상을 대한 꿈은 / 자신이 제시한 의견이나 아이디어 등이 좋은 평판을 받게 된다.

◇ 음식상 옆에 파란 똥이 있었던 꿈은 / 빚보증을 섰던 일에 사고가 생겨 빚을 걸머지게 되거나 심하게 창피당할 일이 생긴다.

◇ 어떤 집에 가서 밥을 먹는데 주인은 쌀밥이고 자신은 잡곡밥이었던 꿈은 / 어떤 사람과 똑같은 일을 했는데도 상대방은 후한 대접을 받는데 자신은 그 반대가 되는 일을 경험하게 된다.

◇ 찌개가 남비 속에서 요란하게 끓는 꿈은 / 사랑하고 싶은 이성을 만나게 되나 상대방이 냉담한 반응을 보여 짝사랑으로 끝나게 된다.

◇ 여러 사람이 모여서 음식을 먹는네 자기의 그릇이 유난히 고급스러운 꿈은 / 진급을 하게되고 남보다 뛰어난 사람으로 평가를 받게

된다.

◇ 잔치집에서 음식을 맛있게 먹은 꿈은 / 자신이 한 일에 만족을 느끼게 되고 상부나 정부당국에 부탁한 일이 잘 처리된다.

◇ 어두운 곳에서 식사를 한 꿈은 / 혼자서만 알고 있어야 할 비밀이 생기게 되고 자신이 없는 일을 책임지게 된다.

2) 부식과 음식 재료

◇ 음식을 만드는데 설탕을 사용한 꿈은 / 작품을 만들거나 일을 해도 좋은 기분으로 하며 그 일의 결과에 많은 사람들이 감탄을 하게 된다.

◇ 집안 구석구석에서 식초냄새가 진동한 꿈은 / 자기와 관련된 소문이 떠돌아다니게 되며 그 일로 인하여 많은 생각을 하게 된다.

◇ 우유가 들어있는 깡통이 공중에 둥둥 떠다니는 걸 본 꿈은 / 자신의 실력을 세상에 널리 알릴 기회가 찾아온다.

◇ 미원이나 기타의 화학조미료를 사용해서 음식을 만든 꿈은 / 무슨 일을 하든 기분 좋게 처리가 되며 그로 말미암아 자신의 능력을 인정받게 된다.

◇ 소금이 넓은 들판에 산더미처럼 쌓여 있는 꿈은 / 감히 상상할 수 없었던 큰 사업을 벌이게 되며 자금 사정이 원활치 않아 부채를 짊어지게 된다.

◇ 여러 가지의 과자류가 그릇에 넘치도록 들어 있는 꿈은 / 누가 보아도 고급스럽다고 할 만한 일거리를 맡게 되거나 진행중인 혼담이 성사된다.

◇ 반찬거리가 부엌에 가득 쌓여 있는 꿈은 / 사업을 계획해 놓고도

자금이 없어 실행에 옮기지 못했으나 사업자금이 해결되게 된다.

◇ **산더미처럼 많은 파나 마늘을 소유한 꿈은** / 사업자금이 충분하게 마련되며 세상이 깜짝 놀랄 일을 저지르게 된다.

◇ **정육점에서 고기를 사온 꿈은** / 많은 액수의 금전거래를 계획했었으나 예상이 빗나가 적은 액수의 거래밖에 이루어지지 않는다.

◇ **파나 마늘 등을 샀는데 그것이 태몽인 꿈은** / 태어난 아이가 성장하면 성직자나 교육자 등 정신적인 지도자가 된다.

◇ **된장이나 고추장 항아리에 구더기가 득실거린 걸 본 꿈은** / 사업자금으로 마련했던 돈으로 예상 밖의 일에 투자하게 된다.

◇ **애인과 함께 빙과류를 사먹은 꿈은** / 미진하던 혼담이 급작스럽게 성사되고 상대방에 대해 갖고 있던 나쁜 감정이 해소된다.

◇ **어떤 형태로든 소금과 연관된 꿈은** / 예기치 않았던 걱정거리가 생긴다.

◇ **음식을 먹는데 그 맛이 너무 신 꿈은** / 자신있게 처리했던 일의 일부분이 잘못되어 노출되게 된다.

◇ **고추를 원료로 해서 만든 음식을 먹은 꿈은** / 활동적이고 추진력이 요망되는 직업을 얻게 된다.

제 9 장
죽음과 관련이 있는 꿈

1) 사   망

◇ 부고를 받은 꿈은 / 서류상으로 어떤 통지나 편지를 받게 된다.

◇ 확실하지는 않지만 누군가가 죽었다는 생각이 든 꿈은 / 자신과 연결돼 있는 어떤 일이 이루어지게 된다.

◇ 막연하게 누가 죽게 될 것이라는 생각을 가졌던 꿈은 / 전혀 기대하지 않았던 일이 이루어지고 미궁에 빠졌던 일의 실마리가 풀리게 된다.

◇ 병원에서 수술을 받다가 죽은 꿈은 / 어떤 물건, 부동산 등의 매매가 이루어지고 축하할 만한 소식을 전해듣게 된다.

◇ 부모상을 당하고 대성통곡을 한 꿈은 / 정신적인 안정과 물질적인 부를 누리게 되고 계획했던 일을 착수하게 된다.

◇ 자신이 아무런 고통도 느끼지 않고 안락사 한 꿈은 / 심사기관에 제출한 서류나 출품한 작품 등이 좋은 결과를 얻게 된다.

◇ 죽은 사람의 소지품이나 유서 등 그와 관련된 물건이 자기에게 배달된 꿈은 / 자신이 TV, 라디오 등에 출연하게 되거나 매스컴을

타게 된다.

◇ 사람이나 짐승 등 움직이는 생명체가 죽은 꿈은 / 자신이 없었던 일, 꺼려했던 일이 잘 해결된다.

◇ 자기가 죽은 사람의 영혼이란 생각이 들었던 꿈은 / 물질적인 만족감을 얻지 못하나 정신적으로 큰 만족감을 맛볼 일을 처리하게 된다.

2) 장례 · 제사

◇ 집에 초상이 난 꿈은 / 직장이나 자기와 관련된 사업장에서 평소 생각했던 문제가 이루어진다.

◇ 상여 앞에 수없이 많은 만장이 늘어서 있는 것을 본 꿈은 / 하는 일마다 실패를 거듭하게 되나 멀지 않은 때에 기관의 협조를 받아 세상사람들이 놀랄만한 일을 성사해 명성을 얻게 된다.

◇ 조상에게 제사를 지낸 꿈은 / 권력층 사람이나 자기보다 윗사람에게 부탁할 일이 생기게 된다.

◇ 초상집에 조의금을 낸 꿈은 / 자기의 사업과 관계된 기관에 청탁할 일이 생기게 된다.

◇ 혼사가 며칠 앞으로 다가왔는데 상대편 집에 초상이 난 꿈은 / 결혼식이 연기되거나 집안의 대사를 연기해야 할 일이 생긴다.

◇ 제사를 지내다가 자기가 퇴주를 한 꿈은 / 어느 기관에 부탁한 일이 마무리 되거나 아니면 취소되는 등 확실한 결말을 보게 된다.

◇ 상여가 나가는데 그 뒤를 따르는 조문객이 상상 외로 많은 꿈은 / 그 숫자가 많으면 많을수록 꿈 속의 망지를 숭상하거나 생전의 그

의 정신을 기리는 사람이 많아지게 된다.

◇ 조상의 묘에 성묘를 한 꿈은 / 자기를 도와주려는 사람이나 평소 가깝게 지내던 사람에게 부탁할 일이 생긴다.

◇ 상여가 나가는데 많은 만장이 만국기처럼 펄럭이고 조객이 헤아릴 수 없이 많았는데 그것이 태몽인 꿈은 / 훌륭한 사람이 되어 사회에 이바지 한 일이 많아서 그가 죽은 뒤에도 그 이름이 사람들의 입에 오르내릴 만한 인물이 태어나게 된다.

◇ 제사상에 직접 술을 따루어 올린 꿈은 / 개인의 힘으로는 도저히 해결할 수 없었던 일을 정부의 도움으로 해결하게 된다.

◇ 남의 집에 초상난 것을 본 꿈은 / 꿈 속의 초상집에 애사나 경사가 일어나 많은 사람이 모이게 된다.

◇ 대통령이나 정부고관이 죽어 국장행렬을 구경한 꿈은 / 생애 최고의 명예가 될 일과 부딪히게 된다.

◇ 집에 초상이 나서 울음소리가 천지를 진동할 정도인데 상여를 들여온 꿈은 / 먼곳까지 소문이 날 정도로 사업이 번창하거나 좋은 일이 생기게 된다.

3) 송 장

◇ 심하게 썩는 송장냄새를 맡은 꿈은 / 사람들의 입에 오르내릴 만큼 많은 재물을 얻게 된다.

◇ 싸늘하게 식은 시체를 밖으로 내다 버린 꿈은 / 힘들게 언은 재물을 잃어버리게 되거나 명예가 땅에 떨어질 일이 생긴다.

◇ 썩은 송장물이 시냇물처럼 흘러가는 꿈은 / 사업이 번창해지고 자

신이 한 말에 많은 사람들이 감명을 받게 된다.

◻ 죽은 사람의 몸에서 소지품을 꺼내 자기가 가진 꿈은 / 어떤 일을 하든 충분한 댓가를 받게 되며 하는 일마다 번창한다.

◻ 시체가 정확한 발음으로 말을 한 꿈은 / 현상공모에 응모한 작품이 입상했다는 소식을 듣게 된다.

◻ 시체가 들어있지 않은 빈 관을 들고 있었던 꿈은 / 부부간에 이혼을 전제로 한 상의를 하거나 누구에겐가 사기를 당해 큰 손해를 입게 된다.

◻ 시체를 공동묘지에 묻은 꿈은 / 사회사업에 참여하라는 부탁을 받고 얼마간의 돈을 기부할 일이 생긴다.

◻ 직계가족이나 가까운 친척이 사망하자 몹시 슬프게 울었던 꿈은 / 온 심혈을 기울여 완성해 놓은 일을 되새기거나 작품을 감상하며 흐뭇해 할 일이 생긴다.

◻ 시체를 운반하는 사람들을 본 꿈은 / 자기에게 돌아가리라고 예상했던 일거리를 다른 사람이 가로채 가거나 일은 자기가 하고 칭찬은 다른 사람이 받는 일 등, 그와 흡사한 일을 당하게 된다.

◻ 시체에 하얀 구더기가 우글거리는 꿈은 / 벌여놓고 있는 사업이 성공을 거두어 많은 돈을 벌게 된다.

◻ 사람들의 왕래가 많은 큰 길에 시체를 내놓은 꿈은 / 남의 공을 자기 것인양 즐거운 마음으로 떠들어댈 일이 생긴다.

◻ 한사람이 죽기도 하고 살아 있기도 하여 쌍동이처럼 나란히 있는 꿈은 / 동업을 했다 헤어졌던 사람이 나타나 심적부담을 주게 된다.

◻ 죽은 윗사람의 시체 앞에서 예를 갖추어 다소곳이 서 있는 꿈은 / 조상으로부터 유산을 상속받기나 승긴을 히게 된다.

◻ 시체가 물에 불어 몹시 커져서 자꾸만 뒤를 쫓아온 꿈은 / 하는

사업이 도산을 해 많은 빚을 짊어지게 되고 채권자들을 피해다니게 된다.

◇ 가족이 죽었는데도 기분이 전혀 동요되지 않은 꿈은 / 획기적인 일이 일어났는데도 당연한 것처럼 행세해서 남들로부터 손가락질을 받게 된다.

◇ 죽은 사람이 다시 살아난 꿈은 / 성공 직전까지 간 일이 한순간에 수포로 돌아가고 발전하던 사업도 원점으로 돌아오게 된다.

◇ 슬피 울면서 시체에 절을 한 꿈은 / 유산을 상속받을 일이 생긴다.

◇ 시체가 담긴 관이 포장도 되지 않은 채 마당에 놓여 있는 꿈은 / 사업을 하던 도중에 어떤 일이 잘 풀려서 목돈이 들어오게 된다.

◇ 시체를 화장하는 그 불길이 유난히 거센 꿈은 / 사업이 나날이 발전하게 되고 하는 일마다 성공을 거두게 된다.

◇ 시체를 매장한 꿈은 / 은행에 저축할 일이 생기거나 기관에 신변 보호를 부탁할 일이 생긴다.

◇ 뚜껑이 열린 관 속에 시체가 들어있는 꿈은 / 어떤 일을 했을 때 좋은 성과를 얻거나 값비싼 물건을 관리할 일이 생긴다.

◇ 시체에서 피가 나와 목욕탕의 욕조에 가득 고인 꿈은 / 자기가 발표한 의견이나 작품이 사람들에게 감명을 주거나 자신으로 인하여 획기적인 일이 일어나게 된다.

◇ 시체가 관 속에 들어 있는데 뼈만 남아 있었던 꿈은 / 자기 작품의 내용이나 자신의 프로필 등이 매스컴에 오르내리게 된다.

◇ 시체 때문에 도망쳤던 꿈은 / 재물이 생길 기회가 있으나 성사되지 않으며 무슨 일을 하든 좋은 결과가 나타나지 않는다.

4) 무덤 · 공동묘지

◎ **무덤에 밝은 햇살이 비친 꿈은** / 사업을 시작하게 되거나 혼담이 성사되고 직장인은 진급을 하게 된다.

◎ **무덤에서 사람의 손이 나와 손짓을 한 꿈은** / 빚쟁이에게 빚 독촉을 받아 심하게 시달리게 된다.

◎ **시체를 공동묘지에 매장한 꿈은** / 사회사업에 적극적으로 참여할 일이 생긴다.

◎ **무덤이 반쪽으로 갈라진 꿈은** / 시험에 합격하거나 취직을 하게 되며 잘 풀리지 않던 일이 속시원히 풀어지게 된다.

◎ **시체를 대충대충 매장하는 꿈은** / 자기와 관련된 모든 일을 남에게 밝히기를 꺼려하며 혼자만의 비밀로 해둘 일이 생긴다.

◎ **바로 윗대(아버지 계열)의 무덤이 즐비하게 늘어서 있는 것을 본 꿈은** / 거래회사에 근무하는 직원에게서 많은 협조를 받게 된다.

◎ **오래 된 무덤 옆에 집을 짓거나 선조의 묘자리를 잡은 꿈은** / 회사에서 전근발령을 받게 되거나 오래 된 고옥으로 이사를 하게 된다.

◎ **무덤 앞에 서있는 망주석을 본 꿈은** / 사업상 직접 거래를 하지 못하고 중개인을 내세워야 할 일이 생기게 된다.

◎ **관을 넣고 무덤을 만드는 광경을 본 꿈은** / 중요한 물건을 보관할 금고 등을 사들이거나 자기 혼자만의 비밀로 간직해야 할 일이 생기게 된다.

◎ **유난히 봉긋한 묘를 본 꿈은** / 사회적인 유명인사나 손꼽히는 사업가와 인적관계를 상호간 맺게 되고 따라서 자신의 위치도 올라가게 된다.

◎ **묘지리를 선정한 꿈은** / 생활에 안정이 되는 일을 찾게되고 많은

재물을 얻을 수 있는 일거리를 맡게 된다.

◇ 비석에 새겨져 있는 비문을 자세히 들여다보고 읽은 꿈은 / 외국 서적을 번역할 일거리를 얻거나 회고록 등의 원고 청탁을 받게 된다.

◇ 무덤 속에서 밝은 빛이 새어나온 꿈은 / 금은보화가 생기거나 자신의 명예와 관계되는 일을 성취하게 된다.

◇ 무덤의 둘레가 유난히 길다고 생각됐던 꿈은 / 뒷배경이 든든한 사람을 만나 사업상의 일을 의논하게 된다.

◇ 무덤 옆에 아담한 정자가 있는 것을 봤는데 그것이 태몽인 꿈은 / 명성을 온 세상에 퍼뜨린 유명인이 태어나게 된다.

◇ 무덤에 불이 활활 타는 것을 본 꿈은 / 사업이나 교제 관계가 불길처럼 번창한다.

◇ 무덤의 한 곳에서 빨간 피가 철철 흐르는 것을 본 꿈은 / 은행의 융자들을 통해서 금전적인 도움을 받거나 종교적으로 정신적인 안정감을 얻게 된다.

◇ 무덤에 붙은 불이 꺼지지 않고 자꾸 번지기만 한 꿈은 / 자기가 행한 일들이 어떤 수단이 됐든 소문이 나게 되며 그 소문으로 말미암아 많은 협조자가 줄을 잇게 된다.

◇ 공동묘지가 있던 자리에 집을 지은 꿈은 / 구세대의 아성이 무너지고 젊은 세대의 힘이 어떤 단체를 장악하게 되거나 새로운 일거리가 생겨 옛 일을 소홀해지게 된다.

제 10장
산야·도시·지도에 관한 꿈

1) 들 판

◇ 땅속에서 동물이나 불길이 나온 꿈은 / 여러 방면으로 자기의 발전을 위해서 연구를 한다.

◇ 넓은 벌판에서 일하는 꿈은 / 어떤 기업체에서 새로운 사업을 진행 시킨다.

◇ 지진이 일어나거나 지축이 흔들린 꿈은 / 사회적으로 파업이 일어나거나 어떤 기관에서 사소한 일로 소송 사건이 일어난다.

◇ 고향에서 객지로 나온 꿈은 / 어떤 사업을 계획성 있게 적극적으로 밀고 나간다.

◇ 땅이 갈라져 한없이 깊은 곳까지 내려다 본 꿈은 / 학문 연구를 깊이있게 공부한다.

◇ 한번 왔던 곳이라고 생각된 장소의 꿈은 / 자기가 기억하고 있는 장소나 유명한 곳을 가보게 된다.

◇ 지평선 위에서 검은 연기나 검은 구름이 피어오른 꿈은 / 훗날의 불길한 소식을 전해 듣게 된다.

◻ 연장을 땅에 박아 지편이 갈라진 꿈은 / 자기의 주장을 내세워 기성 관념을 타파할 수 있다.

2) 다리·길

◻ 암흑 속에서 길을 찾아 헤매는 꿈은 / 하고 있는 모든 일이 암담하게 느껴지고 미개척 분야에 종사하게 된다.

◻ 기차 철교를 걸어서 건너는 꿈은 / 자기 분수에 맞지 않는 일을 시작하여 항상 불안해 하고 초조하다.

◻ 길이 질어 빠지고 걷기가 힘든 꿈은 / 질병에 걸려 신음하거나 생활에 불편을 느끼게 된다.

◻ 길을 포장하고 있는 것을 본 꿈은 / 사업 기반을 닦거나 일을 착수하게 된다.

◻ 거리에서 물건을 주운 꿈은 / 일을 하는 도중에 방해물이 생겨 여러번 고비를 겪게 된다.

◻ 비바람이 심하게 불어 다리를 건너지 못한 꿈은 / 고위층의 압력으로 자기 뜻대로 일을 진행시키지 못한다.

◻ 바위가 널린 곳을 껑충껑충 건너 뛰어간 꿈은 / 여러 방면으로 일을 진전시킨다.

◻ 다리 위에서 사람을 기다린 꿈은 / 어떤 기관에 부탁한 일이 풀리지 않아 고민하게 된다.

◻ 어스름 달밤이나 저녁 무렵에 길을 걷는 꿈은 / 생소한 일을 접하게 되거나 처음 만나는 사람과 대화를 나누게 된다.

◻ 다리 위에서 아래를 내려다 본 꿈은 / 웃사람이 아랫사람에게 충

고를 하거나 지시를 한다.

◻ 교량을 폭발물 또는 기타 힘의 작용에 의해 절단되거나 파괴된 꿈은 / 장해물이 없어지고 자기 소원을 성취하게 된다.

◻ 눈앞의 길이 움직이듯 꾸불꾸불 뻗어 나가거나 깃발이 나부끼듯 휘날린 꿈은 / 자기의 정당성을 남 앞에 주장하지만 뜻대로 이루어지지 않는다.

◻ 가던 길을 도중에 멈춘 꿈은 / 자기가 소원한 일이나 계획한 것이 중도에 포기하게 된다.

◻ 강을 건너지 못하고 있는데 사람들이 뗏목을 놓아준 꿈은 / 하고 있는 일이 난관에 처해있을 때 여러 곳에서 도움을 준다.

◻ 호수를 중심으로 여러 방면으로 길이 뻗어 있는 것을 본 꿈은 / 많은 지식을 갖고 있는 사람과 서로 이야기를 주고 받는다.

◻ 교량 위를 우마차가 지나간 꿈은 / 여러 협조 기관을 통해서 일을 추진시킨다.

◻ 집 마당에서부터 큰 도로가 나 있는 꿈은 / 여러 방면으로 모든 일이 순리대로 풀린다.

◻ 다리가 끊어지거나 부숴진 꿈은 / 자기가 소원했던 일이 뜻대로 이루어지지 않는다.

◻ 다리 위를 많은 사람이 지나가는 것을 본 꿈은 / 어떤 기관을 통해서 부탁한 일이 이루어지지 않는다.

3) 산

◻ 깊은 산중에서 신령적인 존재가 내려온 꿈은 / 어떤 기관의 우두

머리나 협조자를 만나게 된다.

◇ 날아서 산 정상에 오른 꿈은 / 가장 빠른 방법으로 목적을 달성하게 된다.

◇ 산 정상에서 큰소리로 외친 꿈은 / 세인의 관심을 한몸에 받거나 자기 신변에 관한 일을 타인에 의해서 듣게 된다.

◇ 적진의 산정을 점령한 꿈은 / 어떤 현상 모집에서 입선을 하거나 단체 경기에서 우승을 하게 된다.

◇ 산속에서 신을 잃어버린 꿈은 / 자기 작품이나 일거리가 어떤 단체에 의해서 보류된채 발표되지 않는다.

◇ 지팡이를 짚고 오른 꿈은 / 어떤 협조자나 유리한 방도에 의해서 일을 진행시켜 나간다.

◇ 산을 짊어지거나 산을 떠밀고 들어 올린 꿈은 / 강대한 세력이나 단체를 자기 마음대로 움직일 수 있는 실력자가 된다.

◇ 높은 산정에서 사방을 굽어 살펴본 꿈은 / 사회적으로 큰 업적을 이루거나 신분이 고귀해진다.

◇ 산맥의 모형도를 그린 꿈은 / 사회적으로 자기의 실력이나 작품을 인정받아 세인의 관심을 갖게 된다.

◇ 바라보고 있는 산이 짐승이나 사람으로 변한 꿈은 / 정치가, 사업가로서 큰 세력을 얻게 된다.

◇ 산정 또는 언덕위에 사람이 많이 모여있는 꿈은 / 자기와 뜻을 같이 한 사람을 만나게 된다.

◇ 산에서 지도를 그린 꿈은 / 웃사람에게 청원할 일, 교회에서 신앙할 일이 생기게 된다.

◇ 정상까지 오르는데 멀다고 느껴진 꿈은 / 복적한 일이 자기 뜻대

로 쉽게 이루어지지 않는다.

4) 도시 · 촌락 · 기타

◻ 초가집이 불타는 것을 멀리서 발견한 꿈은 / 자기가 하고 있는 일이 점차적으로 번창하기 시작한다.

◻ 진열장에 진열된 어떤 물건에 큰 관심을 가진 꿈은 / 어떤 사람에 관해서 알고 싶어하거나 남에게 청탁할 일이 생긴다.

◻ 산꼭대기에서 오줌을 누어 일국의 수도를 잠기게 한 꿈은 / 국가나 사회적으로 권력을 행사해서 어떤 이념이나 사상 전파를 한다.

◻ 산골에 초가집이 나란히 있는 것을 본 꿈은 / 자서전을 쓰거나 역사책을 감명깊게 읽게 된다.

◻ 문화 주택이 꽉차 있는 거리를 자신있게 활보한 꿈은 / 문학 소설을 쓰거나 문화 공보 활동에 종사한다.

◻ 외갓집 동리에서 하룻밤을 잔 샐러리맨의 꿈은 / 외근 관계 부처에서 근무하게 된다.

◻ 문화주택 가운데 초가집이 한채 있는 꿈은 / 고고학적 연구 성과를 나타낸다.

◻ 많은 상품이 진열된 상가를 들여다보면서 지나가는 꿈은 / 남의 신상 문제를 알아보거나 대화 내용이 진지함을 알 수 있다.

◻ 지도상의 한 지점을 지적하고 설명한 꿈은 / 어떤 기관에서 전근, 진급하게 되고 거래처나 계약 상대를 확보한다.

제 11 장 질병에 관한 꿈

1) 질 병

◇ 음식을 먹었는데 체해서 배가 아픈 꿈은 / 어떤 책임있는 일을 맡았으나 그 일이 벅차게 느껴진다.

◇ 사육한 짐승이 아픈 꿈은 / 작품이 잘못되었거나 일거리를 처리하지 못하고 오랫동안 붙들고 있게 된다.

◇ 콧물이 자꾸 나온 꿈은 / 자기 주장을 남에게 강력히 내세운다.

◇ 가슴에 병이 든 꿈은 / 어떤 일에 대해서 사전 검토를 하고 마음에 상처를 받게 되는 일이 있다.

◇ 전신에 열이 불덩이같이 뜨거운 꿈은 / 학문적인 연구에 몰두하거나 신앙생활을 충실하게 한다.

◇ 콩팥에 병이 들었으니 어떻게 하면 되느냐고 문의한 꿈은 / 어떤 일을 시작하는데 그 일에 대해서 상의해 올 사람이 있다.

◇ 집에 문둥병 환자가 찾아온 꿈은 / 선전하거나 전도하는 사람이 자기를 찾아온다.

◇ 산모가 출산을 하려고 진통을 겪는 꿈은 / 새로 시작한 일이 여러

가지로 많은 어려움을 겪는다.

◇ 환자가 건강을 회복한 꿈은 / 자기가 소원한 일이나 계획한 일 등이 뜻대로 추진해 나간다.

2) 약

◇ 폭약이라고 여겨지는 약을 받아 먹은 꿈은 / 자기의 실력을 충분히 발휘를 할 수 있는 직장을 얻게 된다.

◇ 약병이 사방에 흩어져 있는 꿈은 / 학문적 자료를 구하거나 생계비 유지를 위해서 애쓴다.

◇ 의사가 약을 처방해서 준 꿈은 / 어떤 기관에서 임무를 부여받거나 업무 처리에 시정을 요하는 지시를 받는다.

◇ 약을 약국에서 구해온 꿈은 / 생계비 유지할 일이 생기거나 어떤 약속이 이루어진다.

◇ 약을 먹고 전염병이 나은 꿈은 / 어떤 단체에서 이탈하게 되고 사업의 재정비를 하게 된다.

◇ 상자속에 가득한 약병을 얻은 꿈은 / 음식을 배가 부르게 실컷 먹을 일이 있다.

◇ 신령적인 존재가 약을 주거나 치료법을 알려준 꿈은 / 몸이 건강하지 못한 사람은 점점 차도를 보이기 시작한다.

◇ 정신 분석학적 치료나 심리 요법을 행한 꿈은 / 자기의 복잡한 심정을 남에게 털어 놓고 이야기를 한다.

◇ 임금님이 내리는 사약을 받아 먹은 자신이 죽은 꿈은 / 사회적으로 자신의 성실함을 인정 받는다.

3) 의 술

◇ **수술도중에 몸이 뻐근한 느낌을 받은 꿈은** / 상대방이 자기에게 깊은 관심을 보이고 도움을 준다.

◇ **병원에 입원해야 하는 진찰카드를 받은 꿈은** / 그 기간동안에 어떤 단체에서 일을 하거나 일거리를 보관하게 된다.

◇ **진찰실에 누워있는 꿈은** / 웃어른이 명령하는대로 복종하게 된다.

◇ **머리를 수술 받은 꿈은** / 남에게 자신을 평가받거나, 자기 사상을 심중하게 털어 놓는다.

◇ **자기 병세를 의사에게 자세히 설명한 꿈은** / 자기 일에 관하여 남에게 여러 모로 이야기를 한다.

제 12장
배설물과 분비물에 관한 꿈

1) 대 변

◻ 인분의 냄새를 맡은 꿈은 / 자기의 일이 성사되어 널리 보급되고 남이 하는 행동이 역겹게 느껴진다.

◻ 산더미 같은 인분을 그릇에 담는 꿈은 / 남에게 창피를 당하고 체면이 크게 손상된다.

◻ 수북이 쌓인 인분을 손으로 주무른 꿈은 / 막대한 재물을 자신이 마음대로 움직인다.

◻ 화장실에서 대변을 쳐가는 꿈은 / 마음의 근심 걱정이 해소되고 때로는 재물에 손실을 가져온다.

◻ 인분을 걸어 놓은 꿈은 / 자기의 일을 남에게 과시하거나 소청할 일이 생긴다.

◻ 자기가 배설한 인분이 수북이 쌓여 있는 꿈은 / 여러 방면으로 사업이 점차적으로 번창하기 시작한다.

◻ 전신이 인분이나 소변통에 빠진 꿈은 / 악취를 느끼지 않으며 큰 횡재수가 생긴다.

◇ 화장실을 찾아다녀도 마땅한 곳이 없어 들어가지 못한 꿈은 / 자기가 소원하고 있던 일이 뜻대로 이루어지지 않는다.

◇ 색깔이 탁하고 묽으며 극히 소량의 인분을 손으로 만진 꿈은 / 마음이 불쾌해지고 매사에 불만을 느끼게 된다.

◇ 집안에 쌓여있는 인분을 삽으로 뒤적인 꿈은 / 여러 방면으로 상당한 자본을 취급하게 된다.

◇ 신체 일부분에 자기가 배설한 인분이나 남의 것이 묻은 꿈은 / 남에게 진 빚으로 고통을 받거나 창피를 당한다.

◇ 수북이 쌓인 인분을 삽으로 옮긴 꿈은 / 사업 자금을 남에게 의지하거나 작품 원고를 다시 쓸 일이 생긴다.

◇ 배설하려고 화장실에 갔는데 변비로 인해 배설이 잘 되지 않거나 남의 대변이 여기저기에 널려 있어 발 디딜 틈이 없어 한참을 망설이고 있는 꿈은 / 자기가 소원하고 있는 일들이 뜻대로 이루어지지 않는다.

2) 소 변

◇ 소변을 보기 위해 화장실에 들어가는데 잠이 깬 꿈은 / 어떤 일에 관여하는데 자기가 바라고 있는 일은 이루어지지 않는다.

◇ 소변이 옷에 묻은 꿈은 / 어떤 상호간에 계약을 맺거나 사소한 감정으로 불쾌한 마음을 갖는다.

◇ 자기가 소변을 누니까 갑자기 온통 우줌 바다가 된 꿈은 / 자기의 작은 힘의 도움으로 큰 세력을 움직이게 만든다.

◇ 남이 보고 있어 소변을 누지 못하거나 잘 나오지 않은 꿈은 / 어

떤 일을 하든지 자기의 소원이 충족되지 않는다.

◇ 음식점 화장실에 들어간 꿈은 / 유흥업소에서 일을 하거나 사람을 찾을 일이 있게 된다.

◇ 여러 군데를 두리번거리다가 화장실을 찾은 꿈은 / 여러 기관을 물색한 다음 한 곳에서 자기의 소원을 충족시킨다.

◇ 자기의 소변이 큰 강을 이루거나 한 마을을 덮은 꿈은 / 자기에게 큰 권세가 주어지거나 자기 사상을 남에게 강력히 주장한다.

◇ 소변이 그득한 구덩이나 비료통에 소변을 본 꿈은 / 어떤 잡지사에 문필가는 작품을 투고하고 사업가는 일의 성과를 올린다.

◇ 소변을 자기집 화장실에서 본 꿈은 / 자기 집안 일이나 직장 일과 관련이 있다.

◇ 세면장, 물이 흐르는 개천에서 소변을 본 꿈은 / 어떤 언론·출판사에서 자기와 관련있는 기사거리를 읽게 된다.

◇ 남이 소변을 보는 것을 본 꿈은 / 남이 어떤 소원을 충족시킴을 보거나 남의 작품이 지상에 발표된 것을 본다.

3) 피

◇ 자기 몸에서 피가 난 것을 본 꿈은 / 여러 방면으로 자기에서 손실이 있게 된다.

◇ 사람을 칼로 찔렀는데 피가 나지 않는 꿈은 / 자기의 일이 성사되지만 웬지 모르게 불안하다.

◇ 남의 몸에서 피흘리는 것을 보고 도망친 꿈은 / 어떤 재물을 얻을 기회를 놓치거나 일이 미수에 그친다.

◇ 상대방 옷에 더러운 피가 온통 묻어 있는 것을 본 꿈은 / 상대방
이 횡사한 것을 보거나 듣게 된다.

◇ 몸에 묻은 피를 닦아내거나 옷을 세탁한 꿈은 / 재물의 손실을 가
져오거나 계약이 취소된다.

◇ 코피가 터져서 온통 얼굴에 묻은 꿈은 / 여러 방면으로 자기의 재
물을 남에게 알려주거나 손실을 가져온다.

◇ 신령적인 존재의 손가락 피를 마신 꿈은 / 위대한 학자나 진리 탐
구자가 펴는 참된 교리나 지식을 얻게 된다.

◇ 뱃속에 피가 고여 불룩해진 꿈은 / 많은 재물을 모으게 된다.

◇ 남이 코피난 것을 본 꿈은 / 상대방에게 많은 재물을 얻거나 정신
적으로 도움을 받는다.

◇ 사람이 죽어 피가 낭자한 것을 본 꿈은 / 사회적으로나 집안 일로
얻어진 막대한 재물을 취급하게 된다.

◇ 자기가 찌른 사람의 몸에서 피가 나고 그 피가 자기 몸에 묻은 꿈
은 / 상대방에게 돈을 요구할 일이 있거나 남의 사업을 거들어 재물
이 생긴다.

◇ 상대방 몸에서 피가 나는 것을 본 꿈은 / 여러 방면으로 남에게
피해를 입게 된다.

◇ 호수가나 강이 핏빛으로 물든 꿈은 / 진리, 사상 등으로 많은 사람
들을 지도하여 감동을 받게 한다.

◇ 항문에서 피가 흐른 꿈은 / 사업상 생산품의 매도나 거래상 손실
을 입게 된다.

◇동물의 목을 잘랐는데 피가 솟은 꿈은 / 자기가 소원했던 일이 성
취되어 재물이 생기거나 많은 사람들에게 감동을 준다.

◇ 시체에서 피가 냇물처럼 흐르는 꿈은 / 진리가 담겨있는 책을 읽

고 감동하게 된다.

◇ 남이 피흘리는 것을 보고 만족하거나 무관심한 표정의 꿈은 / 자기의 일이 성사되거나 재물이 만족스럽게 생긴다.

4) 가래 · 눈물 · 정액 · 기타

◇ 가래에 피가 섞여 나온 꿈은 / 근심 걱정이 해소되거나 재물의 손실이 있게 된다.

◇ 상대방이 눈물을 흘리는 것을 본 꿈은 / 상대방으로 하여금 불만을 갖게 되고 불쾌한 감정이 생긴다.

◇ 정액이 옷에 묻어 마음이 불쾌해진 꿈은 / 자기가 소원한 일이 성사되더라도 마음 한 구석에는 불쾌한 감정을 갖게 된다.

◇ 땀을 많이 흘리는 꿈은 / 매사에 의욕을 잃거나 기력이 쇠퇴하여 근심 걱정이 생긴다.

◇ 분비된 정액을 처리하기 곤란하거나 불쾌한 기분이 된 꿈은 / 여러 방면으로 손실을 가져오게 된다.

◇ 상대방 얼굴에 침을 뱉는 꿈은 / 상대방에게 사소한 일로 마음에 상처를 입힌다.

◇ 경도가 걸레에 묻은 것을 본 꿈은 / 제3자와 계약한 일이 뜻대로 이루어진다.

◇ 가래를 시원스럽게 뱉은 꿈은 / 오랜 소원이 순리대로 풀린다.

◇ 땀을 수건으로 닦아낸 꿈은 / 마음이 편안한 상태이고 기력이 회복된다.

◇ 징액이 많이 니외 쌓인 꿈은 / 여러 방면으로 재물이 많이 생긴다.

◇ **입안에 침이 마른 꿈은** / 여러 방면으로 자본이 부족하여 고통을 받게 된다.

◇ **하염없이 눈물을 흘리고 울고 있는 꿈은** / 남에게 자신을 과시하거나 경사스러운 일이 있게 된다.

제13장
시간 · 방향 · 색채에 관한 꿈

1) 시 간

◇ 멀리서 기다리는 사람이 오는 걸 본 꿈은 / 어떤 일을 시작하는데 상당한 시일이 걸린다.

◇ 완연한 봄이라고 느낀 꿈은 / 어떤 일의 시작, 애정의 표현, 평화의 상징 등을 나타낸다.

◇ 한밤중에 등불을 켠 채 가라고 한 꿈은 / 미개척 분야에 희망을 주거나 진리를 펴라고 알려 준다.

◇ 그 해에 성사되지 않는 일의 꿈은 / 어떤 일의 전망과 성사 여부가 쉽게 결정나지 않는다.

◇ 도둑이 이웃집으로 들어간 것을 본 꿈은 / 도둑을 잡거나 신문기사를 읽게 된다.

◇ 무엇에 물건이 가리워졌다가 다시 나타난 꿈은 / 형태는 같아도 서로 성격이 다른 일에 관련된다.

◇ 늘이진 줄을 감지못한 꿈은 / 상당한 시일의 경과를 나타낸다.

◇ 유리창 너머나 담너머로 일을 본 꿈은 / 먼훗날이나 가까운 장래

의 일을 나타낸다.

▨ 과일이 잘 익은 꿈은 / 하고 있는 일이 어느 단계까지 이르렀음을
뜻한다.

▨ 하던 일을 외면하거나 다른 장면으로 바뀐 꿈은 / 어떤 일이 상당
한 시일의 경과를 뜻한다.

2) 방 향

▨ 상대방이 정면으로 걸어온 꿈은 / 상대방과의 의견 대립으로 말다
툼이 있으며 일에 대한 방해가 생긴다.

▨ 동녘에서 해가 뜬 꿈은 / 일을 정상적으로 밟아가면서 시작한다.

▨ 서쪽에서 동쪽으로 새가 날으는 꿈은 / 어떤 방향을 나타내는 것
이 아니라 일의 시발점을 나타낸다.

▨ 황량한 벌판을 바라보고 있을 때 전방이 북이라고 생각된 꿈은 /
자기가 현재 거처하는 곳이 북쪽과 관련이 있다.

▨ 사거리에서 갈피를 못잡고 망설인 꿈은 / 어떤 일에 대한 갈림길
에 서 있음을 뜻한다.

▨ 동쪽에서 사건이 일어난 꿈은 / 현재 거주하는 곳이나 출생지에서
사건이 생긴다.

3) 색 채

▨ 여러가지 색깔이 혼합된 꿈은 / 여러가지 일을 다재다능하게 이끌

어 나간다.

◇ **가장 인상깊게 남을 수 있는 색채의 꿈은** / 꽃이나 동물, 황금빛 광선 등을 일반적으로 나타낸다.

◇ **꿈 속에 표현된 물건 색깔의 꿈은** / 각별한 상징적 이미지를 나타 내기 위해서 표상된 것이다.

제14장
사람의 행동에 관한 꿈

1) 성교행위

◻ 성교 도중 사람이 갑자기 나타나 목적을 달성하지 못한 꿈은 / 하는 일마다 방해자가 나타나 괴롭히며 심지어는 계약 상태의 것도 해약이 되는 경우가 있다.

◻ 아무런 감정도 없이 졸고 있는데 성기가 발기한 꿈은 / 일을 해도 결과가 의욕을 뒤따르지 못하며 질병에 걸리기 쉽다.

◻ 성교를 하다가 실제로 사정을 해버린 꿈은 / 과격한 운동을 하다 빈혈증세 등으로 다칠 염려가 있다.

◻ 여러 명의 여자와 차례대로 성교를 한 꿈은 / 전공과 뒤떨어진 일거리가 다 처리하지 못할 만큼 많이 생긴다.

◻ 할머니와 성적 행위를 한 꿈은 / 질질 끌어오던 케케묵은 일거리를 해결하게 된다.

◻ 멀리 떨어져서 살고 있다는 생각이 든 이성과 관계한 꿈은 / 외교적인 일과 관련해서 정도의 차이를 막론하고 자신이 직접 개입하게 된다.

◻ 사람들이 이름만 들어도 알 수 있는 유명, 인기인과 입맞춤을 한

꿈은 / 생애 최고의 명예가 될 일에 관계하게 되고 자신이 직접 그러한 상을 수상하게 된다.

☒ 서양인들이 나누는 인사처럼 간단하게 나눈 인사의 꿈은 / 어떤 사람에게 맹세할 일이나 굴복할 일이 생긴다.

☒ 지나가는 사람에게 윙크를 했는데 그가 따라온 꿈은 / 자신이 어떤 일을 계획하든 반대하는 사람이 없다.

☒ 교미를 하고 있는 동물을 감상한 꿈은 / 어떤 사람과 동업할 일이 생기거나 어떤 형태로든 재물이 불어나게 된다.

☒ 옛날에 사랑했던 사람을 다시 만나 성교를 한 꿈은 / 언제 해결이 될지도 몰랐던 묵은 일, 또는 포기하고 있었던 일을 다시 시작하게 된다.

☒ 유부녀와 아무런 거리낌 없이 성교를 한 꿈은 / 남의 일에 간섭을 해 눈총을 받아도 금전적으로는 큰 이익을 보게 된다.

☒ 성교를 하는데 미수에 그치거나 만족스럽지 못했던 꿈은 / 계획하고 있었던 일이 좌절되어 크게 실망하거나 불쾌한 일과 접하게 된다.

☒ 오르가즘의 기분을 강렬하게 느꼈던 꿈은 / 물질적으로 큰 손해를 보거나 괴로운 일을 당해 정신적 시달림을 받게 된다.

☒ 친족과 성교를 한 꿈은 / 평소에 존경하거나 짝사랑하던 사람과 급속도로 가까워질 기회가 생기게 된다.

☒ 키스와 성교를 같은 차원으로 생각하며 행했던 꿈은 / 한꺼번에 두가지의 일을 성취시키며 실업자에겐 여러 곳에서 취직을 알선해준다.

☒ 부처나 예수 등 신적 존재와 성교한 꿈은 / 신앙에 의지할 일이 생기거나 그 방면의 학문에 심취되게 된다.

☒ 사람들이 수치스럽게 생각하는 곳을 본 꿈은 / 어떤 일을 하든 미

수에 그치게 되고 그로 인해 불쾌감에서 벗어나지 못한다.

◌ **강간에 성공해서 만족해 한 꿈은** / 자기에게 주어진 일에 대해서는 강압적으로라도 성취시키나 큰 만족감은 맛보지 못해 심적 고통을 받게 된다.

◌ **성교를 했는데 최고의 만족감을 체험했던 꿈은** / 대인관계나 직업, 기타의 자기와 관계된 일에 불만족을 조금도 느끼지 않게 된다.

◌ **동물을 사람으로 여기고 성교를 한 꿈은** / 어떤 일을 하는데 있어서 순리를 벗어나긴 해도 결과는 만족을 얻는다.

◌ **창녀라고 생각되는 여자와 성교를 한 꿈은** / 술을 마시면서 해야 할 상의거리가 생기거나 자신의 하는 일에 여러 사람이 참견을 하게 된다.

◌ **부부간에 성교를 한 꿈은** / 사업상의 계약이 성립되고 집안과 관계된 모든 일이 순풍에 돛단듯이 순조롭다.

◌ **하찮은 곤충이 교미하는 것을 본 꿈은** / 유치한 일이나 아무도 거들떠보지 않는 하찮은 일에 신경 쓸 일이 생긴다.

◌ **사람들이 보는 곳에서 전혀 거리낌없이 성교를 한 꿈은** / 많은 사람들이 관심을 갖고 있는 일에 손을 대 성공을 거두게 된다.

◌ **남이 성교하는 것을 관심있게 바라본 꿈은** / 남이 하는 일에 관여를 해서 창피를 당하게 된다.

2) 덮는 꿈 · 엎는 꿈 · 여는 꿈 · 닫는 꿈

◌ **자신을 검은 천으로 덮거나 가린 꿈은** / 사람이 죽었을 때 천으로 사람을 덮는 것과 같이 여러 가지 좋지 않은 일에 휘말리게 된다.

☑ 얇은 이불로 시체를 덮은 꿈은 / 어떤 일이 이루어졌을 때 오래도록 그 기분에 도취되거나 재물을 얻었다면 쉽게 빠져나가지 않는다.

☑ 객지에 나가 있는 식구가 기별도 없이 방문을 열고 빠끔히 들여다본 꿈은 / 꿈 속에 보였던 그 사람이 집을 찾아오게 된다.

☑ 열쇠로 굳게 잠긴 자물통을 연 꿈은 / 운세가 열려서 재물을 얻거나 진급을 하게 된다.

☑ 누군가가 자기 앞에 엎드린 꿈은 / 자기가 시키는대로 순순히 응해줄 사람을 만나게 되거나 누구든지 해낼 수 있는 일거리를 하청받게 된다.

☑ 여러 개의 방문을 열고 자세히 살핀 꿈은 / 상급기관이나 정부기관에 청원할 일이 생기고 여자에 대해 생각할 일도 뒤따른다.

☑ 성문, 방문 등 각종의 문을 열고 안쪽을 살핀 꿈은 / 사업상의 일로 남이 소유하고 있는 사업장을 방문하거나 재정상태 등을 조사할 일이 생긴다.

☑ 누군가를 엎어놓고 위에서 누른 꿈은 / 사업이나 기타 여러가지 경쟁에서 승리한다.

☑ 복면을 한 강도를 만난 꿈은 / 전혀 알지 못하는 사람이 접근해 피해를 주고 자신도 모르는 사이에 사라진다.

☑ 애인이 창문을 열고 밖을 내다본 꿈은 / 그녀와 더욱 뜨겁게 사랑하게 된다.

☑ 헝겊조각이나 신문지 등 하찮은 물건으로 얼굴을 덮은 꿈은 / 어떤 사건의 죄를 뒤집어쓰거나 자유가 구속되는 등 일신상의 일이 일어나게 된다.

☑ 엎드려 있는 사람을 젖힌 꿈은 / 쉽게 처리할 수 있는 일에 손을 대나 갈수록 어려워진다.

◇ 조상이 대문 안으로 들어온 꿈은 / 기울던 가문이 트이기 시작해서 하는 일마다 성공을 거둔다.

3) 연설 · 시험 · 소식

◇ 시험 감독관 앞에서 답안지를 작성한 꿈은 / 신원조회를 받거나 불신검문을 받게 된다.

◇ 시험을 치러 갔는데 늦게 도착한 꿈은 / 무슨 일을 하든 남에게 인정을 받지 못한다.

◇ 구술시험을 본 꿈은 / 사업상의 일 등으로 사람을 만나 논쟁을 벌일 일이 생긴다.

◇ 시험에 떨어져서 슬퍼하거나 많은 사람들로부터 질책을 받은 꿈은 / 어떤 일이든 순조롭게 진행되며 시험칠 일이 있으면 무난히 합격한다.

◇ 시험을 치는데 남의 것을 훔쳐본 꿈은 / 시험에 떨어져 슬퍼했던 꿈과 똑같은 결과에 직면한다.

◇ 시험에 떨어진 것을 확인하고 집으로 돌아오다 꿈이 깬 꿈은 / 시험을 치르면 수석을 하거나 우수한 성적으로 합격하게 된다.

◇ 시험감독관에게 작성한 답안지를 제출한 꿈은 / 전근을 가게 되거나 직장을 옮기게 된다.

◇ 시험과는 관계가 없을 사람이 시험을 치르고 있는 것을 본 꿈은 / 계획했던 일을 시작하면 쉽게 이루어지고 취직운도 트이게 된다.

◇ 합격자 발표를 하는데 자신의 이름이 유난히 돋보인 꿈은 / 수석으로 합격하게 된다.

◇ 시험을 치르는데 필기구가 없어서 마음을 졸였던 꿈은 / 시험에도 떨어지고 취직이 되지 않아 의기소침해진다.

◇ 시험을 치르는데 문제가 몹시 어려웠던 꿈은 / 해결할 수 없는 문제가 발생해 어려 방면으로 고통을 받을 일이 있다.

◇ 많은 이야기를 한 꿈은 / 실질적으로 많은 말을 해야 할 일이 생긴다.

◇ 사촌이 성혼을 했다는 소식을 들었던 꿈은 / 가까운 사람이 동거 생활에 들어갔다는 사실을 알게 된다.

◇ 군중들의 앞에서 열렬하게 웅변을 토한 꿈은 / 어떤 단체에 가입해 기반을 닦게 되고 작품 등을 발표하게 된다.

◇ 연설을 하는데 군중이 꾸역꾸역 몰려든 꿈은 / 큰 사업을 시작해도 잘 풀리지 않아 도산의 위기에 처하게 된다.

◇ 하늘에서 무슨 말인가가 들렸던 꿈은 / 사람의 입을 통해서나 우편물 등으로 획기적인 사실을 알게 된다.

◇ 시험 때문에 몹시 괴로워했던 꿈은 / 풀리지 않는 일을 풀려고 노력하지만 그러면 그럴수록 꼬이기만 한다.

◇ 연설을 하는 도중에 모였던 군중들이 흩어져 버린 꿈은 / 자신의 계획에 동조해 줄 사람이 많아서 무슨 일을 하든 무난히 처리된다.

◇ 아무도 없는 산꼭대기에서 연설을 한 꿈은 / 세상 사람들이 크게 놀랄만한 일을 혼자서 쉽게 처리한다.

4) 물놀이 · 날으는 꿈

◇ 어딘가를 가다가 생각지도 않았던 곳에서 수영을 한 꿈은 / 어느

사업장에서 임시직원으로 일해 달라는 부탁을 받는다.

◻ 보트를 타지 않고 헤엄을 쳐서 강을 건넌 꿈은 / 직장에서 진급을 하거나 작품을 심사기관에 출품한 사람은 입상했다는 통지를 받는다.

◻ 동물이 헤엄치는 것을 본 꿈은 / 정부기관의 개입에 의하여 자신이 하고 있는 일이 발전한다.

◻ 물살이 센 강이나 시내에서 수영을 한 꿈은 / 사악한 꼬임에 빠지거나 질병에 걸릴 염려가 있다.

◻ 거울 같이 수면이 잔잔한 곳에서 수영을 한 꿈은 / 모든 생활에서 원만하여 어려움이 없고 하는 일도 거의 실패가 없다.

◻ 창공을 날고 있는 새를 본 꿈은 / 잔잔하던 생활에 갑작스레 변화가 생기거나 정부기관으로부터도 간섭을 받는다.

◻ 옷을 입은채로 수영을 한 꿈은 / 자신의 직권을 이용하여 잘못된 일을 옳다고 우길 일이 생긴다. 그러나 스스로 잘못을 뉘우치고 후회하게 된다.

◻ 애인과 함께 창공을 날아다닌 꿈은 / 진행 중에던 혼담이 성사되고 어떤 일거리를 맡았을 때 순조롭게 진행된다.

◻ 물에 빠진 사람을 구해서 함께 헤엄쳐 나온 꿈은 / 주어진 일에 열심히 일하지만 아무 보람을 못느낀다.

◻ 열심히 수영을 하는데도 제자리에서 맴도는 꿈은 / 사업이나 사적인 일도 순조롭게 진행되지 않아 불만만 잔뜩 쌓이게 된다.

◻ 팬티도 입지 않은 채로 수영을 한 꿈은 / 무슨 일을 하든 간섭하는 사람이 없어 그 누구보다도 자유스럽다.

◻ 두더지처럼 땅 속에서 헤엄을 친 꿈은 / 위법성을 띤 일에 손을 대게 되어 정부기관에 해를 끼치게 된다.

◻ 항해 도중 배가 파손되어 헤엄을 치다가 구조된 꿈은 / 실직이나

파산·파혼 직전에 사건이 호전되어 제 위치를 찾게 된다.

◇ 높은 곳으로 날아오른 꿈은 / 모든 일을 대하고 행함에 있어서 꿈 속에서 날아오른 높이에 비례해서 그만큼 호전된다.

5) 약탈·절도·얻는 것·잃는 것·은폐·노출· 움직이지 못함

◇ 누군가가 자기 물건을 훔쳐간 꿈은 / 평생 동안 쌓아올렸던 명예 와 재물 등이 손실된다.

◇ 어떤 사람이 소름이 끼칠 정도로 무섭게 노려본 꿈은 / 방해자가 나타나 사업에 해를 끼치거나 질병에 걸릴 염려가 있다.

◇ 벌거벗은채로 고향에 내려간 꿈은 / 소원하던 것이 이루어지지 않 으며 사람들이 자신의 곁을 떠나버려 심한 고독감에 빠지게 된다.

◇ 나체가 된 몸을 가리려고 애를 쓴 꿈은 / 남에게 공개해서는 안될 일을 하게 되고 어느 누가 접근을 해도 공개하지 않는다.

◇ 치마 속이나 그밖의 옷 속에 물건을 감춘 꿈은 / 임신을 하거나 사업이 번창하고 재물이 생긴다.

◇ 훔친 물건을 누구에겐가 준 꿈은 / 피나는 노력을 해서 잡은 기회 가 물거품이 되어 버린다.

◇ 맹수가 노려보는 앞에서 얼어붙어 버린 꿈은 / 자신의 능력으로는 해결하기 어려운 일을 떠맡게 된다.

◇ 나체를 가리려고 하는데 사지가 말을 듣지 않은 꿈은 / 사업체가 도산 위기에 처하게 되고 절망감을 해소할 길이 없나.

◇ 무엇인가를 얻은 꿈은 / 협조자가 나타나거나 재물이나 권리를 부

여받게 된다.

◎ 물건을 잃어 버린 꿈은 / 무엇인가를 얻은 꿈과 반대의 현상이 일어난다.

◎ 위급한 순간인데 몸이 말을 듣지 않았던 꿈은 / 자신의 무능력을 자기가 체험하게 되어 절망감에 빠지게 된다.

◎ 누군가를 공격하려고 하는데 몸이 전혀 움직이지 않았던 꿈은 / 철저한 계획을 세운 후에 일을 추진해도 실패를 하게 되고 헤어날 방도가 없다.

◎ 자신의 소지품을 여러 사람에게 공개한 꿈은 / 능력을 남에게 과시할 일이 생기거나 중요하게 간직했던 비밀을 누구에겐가 털어놓게 된다.

◎ 알몸을 아무 부끄러움 없이 노출시킨 꿈은 / 여러 사람 앞에서 망신당할 일이 생긴다.

◎ 뛰려고 애를 쓰는데 발이 떨어지지 않는 꿈은 / 급하게 처리할 일이 있으나 마음만 급할 뿐 뜻대로 되지 않는다.

6) 부수고 깨고 뚫음 · 매듭 · 쌓고 허뭄 · 기침 · 구토

◎ 벽을 뚫고 그 안으로 들어간 꿈은 / 시험에 수석으로 합격하거나 지금까지 깨닫지 못하던 것을 알게 된다.

◎ 축대나 둑을 쌓는 꿈은 / 꿈 속의 작업진도에 비례해서 사업의 진전도 있게 된다.

◎ 생활 필수품이나 곡식 등을 높이 쌓아올린 꿈은 / 여유 있는 돈이 생겨 저축을 하게 되거나 묵묵히 맡은바 일을 하는 가운데 자신도

모르는 사이에 공적이 쌓이게 된다.

◇ **쉬지 않고 재채기를 한 꿈은** / 의문스러웠던 일을 속시원히 알게 되거나 정신적으로 큰 타격을 받을 일이 생긴다.

◇ **높게 쌓은 물건을 무너뜨린 꿈은** / 어떤 희망이 소멸되거나 병마에서 깨어나게 된다.

◇ **차곡차곡 쌓아놓은 물건을 다른 곳으로 옮긴 꿈은** / 이사를 하게 되거나 직장에서 인사이동을 체험하게 된다.

◇ **실타래 등이 풀지 못할 정도로 뒤엉켜 있는 꿈은** / 여러 가지 걱정거리가 한꺼번에 엉켜 헤쳐나갈 길이 막막하다.

◇ **물건을 던지거나 떨어뜨려서 박살이 난 꿈은** / 사업의 진로를 바꾸게 되거나 소원하던 것이 이루어지게 된다.

◇ **뒤엉켜 있는 실타래를 순조롭게 풀 수 있었던 꿈은** / 오래 묵은 걱정거리가 해결되거나 사업상 어려웠던 점도 순조롭게 풀린다.

◇ **감기나 기타 질병에 걸리지 않았는데도 심하게 기침을 한 꿈은** / 참고 있었던 울분을 토해낼 일이 있거나 좋지 않던 감정을 풀 일이 생긴다.

7) 찬성·반대·아우성·호통·언쟁·박수·시비·충고

◇ **열심히 박수를 친 꿈은** / 어떤 압력에 의해 자신의 의견을 주장하지 못하게 되거나 사건에 깊게 말려들게 된다.

◇ **남편이 아내에게, 아내가 남편에게 화풀이를 한 꿈은** / 자신 이외의 어느 누가 일을 해도 마음에 들지 않으나 결과를 보고는 크게 만족한다.

◇ 누군가에게 **호통을 치는데** 그가 꼼짝도 하지 않고 앉아 있는 꿈은 / 무슨 일을 하든 자신이 주장을 내세우며 과감하게 잘못된 점을 수정한다.

◇ **무조건 호통만을 쳤던 꿈은** / 쌓였던 감정을 폭발시킬 일이 있으며 대인관계에서 상대방을 제압하여 승리감에 도취되게 된다.

◇ **많은 사람들이 모여 비명을 지른 꿈은** / 군중이라고 말할 수 있을 정도로 많은 사람들이 자신이 한 일에 대해 감탄을 하게 된다.

◇ **심한 욕을 하는데도 상대방은 묵묵부답인 꿈은** / 해결책이 없다고 포기했던 일이 해결되고 걱정거리가 모두 없어진다.

◇ **벌을 주어야 할 죄인을 용서하고 풀어준 꿈은** / 진행 중이던 일이 중단되거나 모든 것이 완성단계에서 무너지고 만다.

◇ **구름처럼 모인 군중들이 미친 사람처럼 광란을 한 꿈은** / 많은 사람들이 일을 방해하거나 의견을 받아들이지 않는다.

◇ **어떤 일이 됐든 무조건 좋다고 동의한 꿈은** / 무슨 일을 하든 만족감을 얻을 수 있고 정신적으로 평화로움을 만끽한다.

◇ **누구에겐가 잘못했다고 빈 꿈은** / 하루 종일 불만스러운 일만 일어나게 되어 피로에 지치게 된다.

◇ **거친 행동을 하는데도 상대방이 계속 빙글빙글 웃는 꿈은** / 자신은 만족스러운 일을 해놓고 여유만만해 하지만 누구 한사람 치하를 하지 않는다.

◇ **신령적인 존재에게 용서를 빌었던 꿈은** / 유명인사에게 뇌물을 주고 청탁을 하면 자신이 바라는 성과를 얻을 수가 있다.

◇ **누구에겐가 충고를 들었던 꿈은** / 반성해야 할 행동을 하거나 어떤 일로 인하여 심한 양심의 가책을 받게 된다.

◇ **생사를 건 싸움을 한 꿈은** / 자신의 일에 대해 불만이 쌓이거나

시비거리가 생기기 쉽다.

◻ 많은 군중이 자신을 향해 박수를 쳐준 꿈은 / 사람들을 감동시킬 일이 생긴다.

8) 미끄러지고 빠지는 꿈 · 떨어지고 오르는 꿈

◻ 튼튼하게 박힌 기둥에 오르는 꿈은 / 강자의 비위를 맞추며 도움을 기대하게 된다.

◻ 산꼭대기에 오른 꿈은 / 바라던 것이 쉽게 이루어지고 명예와 권리도 뒤따른다.

◻ 낭떠러지로 뛰어내리면서 짜릿한 기분을 느낀 꿈은 / 어떤 형태로든 바라던 것이 이루어지게 된다.

◻ 높은 곳으로 한없이 올라간 꿈은 / 자신의 지위나 위치가 향상되고 하급 사람들로부터 존경을 받게 된다.

◻ 얼음판 위를 조심조심 걸어간 꿈은 / 부진했던 사업은 활기를 되찾으나 그 진행 속도가 한없이 느리고 고달프다.

◻ 높은 곳에서 떨어진 꿈은 / 힘겹게 쌓았던 명예가 일시에 떨어지거나 신상에 커다란 변화가 온다.

◻ 높은 곳에서 떨어져 부상을 당한 꿈은 / 자신에게 막강한 타격을 줄 실수를 저지르게 되고 그로인해 큰 손해를 입게 된다.

◻ 높은 곳에서 떨어지는 도중에 꿈에서 깨어난 꿈은 / 사랑하던 사람과 헤어지게 되거나 희망이 사라지고 질병 등 육체적인 시달림을 받게 된다.

◻ 계단을 올라가다 넘어져서 데굴데굴 구른 꿈은 / 여러 사람과 경

쟁하는 모든 일에서 뒤떨어지게 되고 하는 사업도 진전이 없다.

◇ 풀뿌리나 나뭇가지 등을 움켜잡으며 힘겹게 산으로 오른 꿈은 /
해결할 수 없던 일로 고민하고 있는데 뜻하지 않았던 협조자가 나타
나서 해결해 준다.

◇ 한쪽발이 수렁에 빠졌는데 곧 뽑아낸 꿈은 / 누군가의 모함에 빠
져 곤욕을 치르게 되지만 이내 결백함이 증명된다.

◇ 높은 건물에서 뛰어내렸는데 죽지 않은 꿈은 / 회사에 취직이 되
거나 많은 사람들이 자신을 과대평가 해준다.

◇ 높은 곳으로 여겨지는 곳에 오른 꿈은 / 승진이 되거나 자기 사업
과 관련이 있는 기관의 도움을 받아 승승장구한다.

◇ 높은 곳에서 떨어지던 중 나뭇가지나 전기줄 등에 걸려 살아난
꿈은 / 부도직전에 기사회생하거나 구사일생이란 말을 인용할 일이
생긴다.

◇ 높은 곳을 오르려하는데 너무나 힘이 들고 위험하다는 생각이 들
었던 꿈은 / 목적을 달성하는데 너무 험한 고통이 뒤따르며 그로 인
해 끼니 걱정까지도 하게 된다.

◇ 수렁에 빠져서 허위적거리고 있는 황소를 구출해낸 꿈은 / 가깝게
지내던 사람이 꿈 속의 소처럼 힘겨운 일에 부딪히게 되지만 자신의
힘으로 큰 도움을 줘 몰락 직전에서 구해주게 된다.

◇ 까마득한 허공에서 떨어져 머리가 깨어져서 죽은 꿈은 / 어렵기만
하던 사업이 풀리기 시작하고 좋은 아이디어가 가미된 새로운 사업
계획을 세우게 된다.

9) 여행·충돌·깔리고 치는 꿈·사고 파는 꿈

◻ 학우들과 함께 수학여행을 한 꿈은 / 여러 사람이 협력해서 해야 하는 일에 종사할 일이 생긴다.

◻ 여행을 하는 도중에 많은 우여곡절을 겪은 꿈은 / 평소 원하던 것이 이루어지거나 사업체도 크게 번창하게 된다.

◻ 가게에서 물건을 산 꿈은 / 어떤 일거리를 불하받았을 때 꿈 속에서 산 물건의 대소에 따라 그만큼의 이익을 얻게 된다. 즉 물건을 많이 샀을 때 많은 이익을 얻게 되는 것이다.

◻ 교통수단을 이용했는데 사고를 당한 꿈은 / 주위 환경에서 큰 변화가 일어나는데 그 변화가 자신에게는 큰 이득을 가져다 준다.

◻ 어떤 형태로든 집을 떠나 여행을 한 꿈은 / 사업이나 직장의 일, 대인관계 등의 일과 관계하게 된다.

◻ 정신이 아찔할 정도로 어딘가에 강하게 부딪힌 꿈은 / 대립돼 있던 감정이 풀리거나 상대방과 서로 합의할 일이 생긴다.

◻ 교통사고를 당한 꿈은 / 자신의 주장이 채택되거나 상급기관에 청탁한 일이 좋은 결과를 가져온다.

◻ 차나 비행기, 배 등을 탄 꿈은 / 어떤 단체의 일원이 되어 보람 있는 일을 하게 된다.

◻ 어떤 사람에게 물건을 판 꿈은 / 어떤 단체나 개인에게 헌신적으로 봉사할 일이 생기게 된다.

◻ 자신이 관직에 근무하는 사람이 되어 순찰을 돈 꿈은 / 내근에서 외근으로 부서를 바꾸거나 오지로 발령을 받게 된다.

◻ 어떤 사람이 무거운 물건에 짓눌려 있는 것을 본 꿈은 / 자신과

직접·간접으로 연결돼 있는 일의 매듭이 풀려 좋은 성과를 얻게 된
다.

◇ **자신이 자동차나 바위 등 치명타를 줄 수 있는 물건에 치인 꿈은**
/ 정부기관이나 단체의 도움을 받아 어렵게 여겨졌던 사업이 성공하
게 된다.

10) 독서 · 구속 · 가르침 · 가리킴 · 그림 · 글씨

◇ **글씨를 쓰거나 작문을 한 꿈은** / 자신의 모든 걸 숨김없이, 송두리
째 남에게 보여줄 일이 생기게 된다.

◇ **수갑을 찬 채 경찰관에게 끌려간 꿈은** / 예술가인 경우는 자기의
작품이 사람들에게 능력을 받게 되나 일반인인 경우는 기관으로부터
어떤 간섭을 받게 된다.

◇ **작문시험을 보던 중 답안지를 시험감독관에게 바친 꿈은** / 자신의
신원조회를 받게 되거나 힘있는 사람에게 협조를 구하게 된다.

◇ **교실에 앉아서 열심히 공부를 한 꿈은** / 매스컴에 자신의 의견을
피력하거나 부하 직원들에게 많은 양의 일거리를 주게 된다.

◇ **애인에게 시를 낭독해준 꿈은** / 애인에게 자신의 사랑을 다시 한
번 확인시켜 주게 된다.

◇ **필기구를 꼭 쥐고 소중하게 생각했던 꿈은** / 계획을 세워놓았던
어떤 일이 결실을 맺게 된다.

◇ **열심히 그림을 그린 꿈은** / 어떤 사람의 내면을 깊숙이 관찰하게
되거나 자신의 운명을 생각해 볼 일이 있다.

◇ **뱀이 자기의 몸뚱이를 칭칭 감았던 꿈은** / 이성과 육체적인 결합

을 하게 되거나 총각·처녀는 결혼날짜를 잡게 된다.

◇ 남에게 필기구를 건네준 꿈은 / 자기에게 돌아올 몫의 일거리를 누군가가 가로채 갈 일이 생긴다.

◇ 자기의 필체에 대해 좋은 평가를 받은 꿈은 / 정부 당국의 지시대로 따르지 않으면 큰 화를 면치 못하게 된다.

◇ 누군가를 꽁꽁 묶어서 끌고다녔던 꿈은 / 심복이 될만한 인물을 고용하게 되거나 상품을 탈 일이 생긴다.

◇ 칠판에 그림을 그려놓고 사람들에게 따라서 그리라고 한 꿈은 / 부하 직원이나 자신을 따르는 사람들에게 어떤 일을 따로따로 떼어서 시키게 된다.

◇ 눈으로만 책을 읽은 꿈은 / 평소 존경하던 사람이 시키는 일을 아무런 불평불만 없이 처리하게 된다.

11) 쫓고 쫓김·공격·협조·거꾸로서기·딩굴기

◇ 뒤집힌 배가 유유히 떠다니는 꿈은 / 직장이나 가정이 안정을 찾지 못하고 한동안 그에 따른 고통을 겪게 된다.

◇ 어떠한 표현이 거꾸로 됐다고 생각한 꿈은 / 어떤 일을 함에 있어서 자신이 원했던 반대현상이 일어나거나 불안한 상태가 끝도 없이 계속된다.

◇ 칼로 상대방을 찔렀는데 죽지않고 자신을 쫓아온 꿈은 / 목표달성에 돌입한 사업이 좌절되어 오랫동안 심한 고통에 시달리게 된다.

◇ 확실한 계획을 세워두고 상대방을 공격했던 꿈은 / 어떤 일을 성

사시키려고 노력하면 그 노력에 비례해서 이득이 생기게 되고 이성
문제도 원활한 상태를 유지할 수가 있다.

◇ 어려움에 처한 자신을 누군가가 도와준 꿈은 / 꿈 속의 실제 인물
이나 아니면 그 주위의 인물로부터 극적인 도움을 받게 된다.

◇ 갖가지 물체가 어지럽게 뒹굴고 있는 꿈은 / 자신과 직·간접으로
연결된 일들에 커다란 변화가 있거나 많은 사람들이 부러워할 일을
벌이게 된다.

◇ 해나 달이 떨어져 데굴데굴 구르는 것을 본 꿈은 / 자신이 이룩한
일이 오랫동안 남들의 머리 속에 남아 있다.

◇ 거꾸로 서 있는 사람을 본 꿈은 / 자신이 하고 있는 일의 순서가
바뀌게 되거나 직장에서 선배를 젖히고 자신이 먼저 승진을 하게 된
다.

◇ 누군가가 자신을 공격하려 하는데 몹시 무섭게 여겨졌던 꿈은 /
잘못이 없는데도 몰매를 맞게 되거나 여러 사람들로부터 공박당하게
된다.

◇ 누군가가 자신을 도와준 꿈은 / 꿈 속에서와 마찬가지로 남으로부
터 도움을 받게 된다.

◇ 여러 사람이 줄을 서 있는데 그 중 한 사람이 거꾸로 서 있는 꿈
은 / 누군가의 건의나 의견을 묵살하게 되며 그로 인해 큰 피해를 입
게 된다.

◇ 혼자서 방어하거나 혼자서 공격을 한 꿈은 / 누구의 도움도 없이
혼자서 처리해야 할 일이 생겨 심한 외로움을 느끼게 된다.

◇ 남의 간호를 받으면서 병고를 겪고 있었던 꿈은 / 부실하던 사업
이 남의 참여로 인하여 호기를 띠기 시작한다.

◇ 어떤 사건에서 빠져나가기 위해 무작정 도망쳤던 꿈은 / 무슨 일

을 하든 실패와 고통이 뒤따르며 심한 좌절감을 맛보게 된다.

12) 자살 · 살인 · 타살 · 소생

◇ 사람을 죽이고 정당방위를 주장했던 꿈은 / 열심히 노력해서 목표를 달성하지만 충분한 댓가를 받지 못한다.

◇ 맹수가 달려드는데 그것을 죽인 꿈은 / 미궁에 빠진 사건을 통쾌하게 처리하게 되고 임산부는 유산할 가능성이 있다.

◇ 자신을 해치려는 괴한을 죽인 꿈은 / 처리하기 힘든 일에 방해자까지 나타나도 결국은 무난히 성공을 거두게 된다.

◇ 독충이나 해충을 죽인 꿈은 / 방해자가 스스로 물러나거나 근심걱정이 없어지게 된다.

◇ 누군가에게 피살당한 꿈은 / 자신이 처리해야 할 몫의 일거리가 다른 사람에 의해서 이루어진다.

◇ 총 한방으로 두 사람을 동시에 죽인 꿈은 / 한 가지의 방법에 의해서 두 가지의 일이 성취된다.

◇ 자기와 가까운 사람을 무자비하게 죽인 꿈은 / 어떤 일이나 사건을 떠맡아도 속시원하게 처리해낸다.

◇ 살인하는 현장을 목격한 꿈은 / 자기와 직 · 간접으로 연결된 갖가지 일이 빠짐없이 이루어진다.

◇ 자살을 한 꿈은 / 하던 사업의 진로를 바꾸거나 직장을 옮겨 새로운 기분으로 일을 시작하게 된다.

◇ 살생을 하고 양심의 가책을 심하게 받았던 꿈은 / 열심히 작업에 임해도 뒷처리가 깨끗하지 못해 사람들로부터 손가락질을 받는다.

◇ 사람이나 곤충 등 생명체를 죽인 꿈은 / 어떤 일을 하든 시작부터 마무리까지 완벽하게 처리하게 된다.

◇ 위험에 처해 있는 사람을 구해준 꿈은 / 어떤 일거리를 맡았을 때 정신적, 육체적 고통만 뒤따를 뿐 그만한 댓가를 받지 못한다.

◇ 자신이 직접 사형을 집행한 꿈은 / 유명메이커의 대리점권을 따내거나 직장에 입사해 요직에 배치되게 된다.

◇ 극약을 먹고 자살한 꿈은 / 어떤 일을 처리함에 있어 과학적인 기술을 도입해 누구나 깜짝 놀랄만한 성과를 이루게 된다.

◇ 전쟁이 일어났는데 적병을 한 명도 죽이지 못한 꿈은 / 여러 계통에서 많은 일거리를 받아 모두 순조롭게 처리되는데 한가지가 해결되지 않아 고통을 감당하게 된다.

◇ 살인자를 잡기 위해 헤맸던 꿈은 / 자신을 여러모로 도왔던 사람을 대접하거나 사례를 하게 된다.

◇ 차를 타고 가는데 그 차가 사람을 치어 죽인 꿈은 / 자신의 사업체나 직장이 자신으로 말미암아 크게 번창하게 된다.

◇ 경찰의 수배를 받아 도망다닌 꿈은 / 어떤 일의 중심인물이 되어 열심히 노력하지만 만족할만한 결과를 얻지 못한다.

◇ 무심코 시체를 봤는데 그 시체가 바로 자신이었던 꿈은 / 원하던 것을 얻을 수 있고 출품했던 작품 등이 입선하게 된다.

◇ 누군가를 분명히 죽였는데 죽지않고 쫓아오는 꿈은 / 마무리가 됐다고 생각했던 일에 하자가 생겨 물질적·정신적 손해를 입게 된다.

13) 걷거나 뛰는 꿈

◎ 짐승을 끌고 간 꿈은 / 어떤 일이 자기가 계획했던 대로 잘 진행이 되거나 자신의 의견에 반대하는 사람이 없다.

◎ 반복해서 넓이뛰기를 한 꿈은 / 이사를 하게 되거나 직장에서의 직책에 변동이 생기게 된다.

◎ 앞에 가는 사람을 졸졸 따라간 꿈은 / 자신이 하고자 하는 일에 헌신적으로 따라줄 사람을 만나게 된다.

◎ 상대방이 무서워서 뒷걸음질을 치거나 도망친 꿈은 / 어떤 일을 하든 불안감에 싸이게 되며 결국 그 일로 인하여 커다란 패배감을 맛보게 된다.

◎ 똑바로 길을 가는데 난데없이 장해물이 나타나 그것을 피해서 우회한 꿈은 / 순조롭게 진행되던 일에 어떤 방해가 생겨 어렵게 추진하게 된다.

◎ 장소를 가리지 않고 싸돌아다닌 꿈은 / 연구 등 어렵고 복잡한 일에 관심을 갖고 몰두하게 된다.

◎ 함께 가야 할 사람과 따로따로 떨어져서 걸어간 꿈은 / 동업자나 함께 일해야 할 사람과 결별하게 된다.

◎ 집 또는 고향으로, 차를 타지 않고 걸어간 꿈은 / 벌려놓았던 일이 종결되거나 더이상 할 일이 없어지게 된다.

◎ 사람들이 구름떼처럼 몰려든 꿈은 / 하고 있는 일이 힘에 벅차고 고통이 쌓인다.

◎ 집에서 집식구가 아닌 남이 나긴 꿈은 / 부담감을 갖고 있던 일이 해소되거나 그 일을 자기 일처럼 처리해줄 사람이 나타난다.

◇ 빨리 가야 하는데 마음만 조급할 뿐 걸음이 걸어지지 않았던 꿈은 / 상급 기관에 부탁했던 일이 잘 이루어지지 않아 애를 태우게 된다.

◇ 높이뛰기 등의 운동을 했던 꿈은 / 원했던 일이 이루어지거나 승진을 하게 되며 만사형통이다.

◇ 애인과 낯선 곳에서 데이트를 한 꿈은 / 오가던 혼담이 성사되거나 큰 이익을 얻을 수 있는 일거리를 맡게 된다.

◇ 울타리 안의 좁은 공간에서 서성댔던 꿈은 / 진행되던 일이나 계획이 더이상의 진전 없이 그 정도에서 그치게 된다.

◇ 예식장으로 들어간 꿈은 / 어떤 모임에 초대를 받게 되거나 많은 사람들과 인사를 나눌 일이 생긴다.

◇ 달리기, 그네뛰기 등 움직임이 빠른 운동이나 오락을 했던 꿈은 / 급하게 처리해야 할 일이 생기거나 초조해 하고 고통스러운 일이 뒤따른다.

◇ 병에 걸려서 잘 걷지 못한 꿈은 / 사람들에게 자랑할만한 큰 일을 이룩하게 된다.

◇ 걸어가다가 갑자기 걸음을 멈춘 꿈은 / 순조롭게 진행되던 일에 불행이 닥쳐 도중에서 중단되게 된다.

◇ 집안으로 다른 식구가 들어온 꿈은 / 혼자만이 알고 있는 비밀을 다른 사람들이 알려고 한다.

◇ 산과 들을 산책한 꿈은 / 현재 진행하는 일에 계획 외의 변화가 생기고 운세에 기복이 생기게 된다.

◇ 앞으로 전진하거나 뒤로 후진하지 않고 똑같은 자리에서 껑충껑충 뛰었던 꿈은 / 승진 등의 일로 직장에서 자리 변동이 생긴다.

◇ 좁고 울퉁불퉁한 길을 걸은 꿈은 / 하는 일마다 고통이 뒤따르며

생각지도 않았던 나쁜 일이 생기게 된다.

◻ 아무런 목적도 없이 무작정 걸었던 꿈은 / 앓고 있는 환자는 병상생활을 오래하게 되며 사업가는 사업에 전혀 진전이 없다.

◻ 겨우 한사람만이 지나갈 수 있는 길을 가는데 상대편에서 다른사람이 걸어온 꿈은 / 누군가와 대립됐던 감정이 풀리거나 의견의 일치를 보게 된다.

◻ 깨끗하고 넓은 길을 걸은 꿈은 / 하는 일마다 막힘이 없고 몸도아주 편안해지게 된다.

◻ 처음 출발했던 곳으로 되돌아온 꿈은 / 진행 중이던 일을 중단하고 원점에서부터 다시 시작해야 할 일이 생긴다.

◻ 누군가를 해치려고 뒤쫓아갔던 꿈은 / 무슨 일이든 급하게 추진하지만 결과는 전혀 얻지 못한다.

◻ 자기 옆으로 많은 사람들이 스쳐 지나간 꿈은 / 어떤 형태로든 자기와 인연을 맺을 사람들이 나타나게 된다.

14) 인사 · 악수 · 쓰다듬는 꿈

◻ 상대방에게 절을 하자 그가 미소를 지은 꿈은 / 꿈 속의 상대방에게 청탁할 일이 있어 청탁은 하지만 그 후에 서로 좋지않은 감정이생긴다.

◻ 대통령 등 국가원수에게 거수경례를 한 꿈은 / 정부나 권력이 있는 사람에게 개인적 혹은 단체를 위해서 도움을 청할 일이 생긴다.

◻ 이단기를 향해 큰절을 한 꿈은 / 주위 환경에 큰 변화가 생기기를원하게 되고 그것이 곧 현실로 나타난다.

◻ 무엇인가를 자꾸만 쓰다듬었던 꿈은 / 불쾌감이나 불만, 불안감을 갖게 될 일이 생긴다.

◻ 집안 어른에게 큰절을 한 꿈은 / 정부기관이나 단체로부터 상을 받거나 아니면 부탁할 일이 생긴다.

◻ 누군가와 손을 맞잡고 걸은 꿈은 / 어떤 사람을 만나든 일을 함에 있어서 손발이 척척 잘 맞는다.

◻ 절을 하는데 상대방이 외면해버린 꿈은 / 청탁한 일이 무산되고 다른 사람으로부터는 전혀 도움을 받지 못한다.

◻ 신령적인 상에게 절을 한 꿈은 / 권력층의 사람에게 부탁을 하면 반드시 들어준다.

◻ 신랑인 자신이 신부와 함께 절을 한 꿈은 / 자신의 발명품이나 개발품 등을 특허청 등에 제출해서 상표권 등을 따낼 수 있다.

◻ 악수를 하고 손을 강하게 흔들었던 꿈은 / 어떤 거래나 대인관계에서 시끄러운 일이 생긴다.

◻ 국기를 향해서 경건한 마음으로 목례를 한 꿈은 / 국가에 이익이 되는 일을 하게 되거나 국가기관으로부터 신임장이나 위임장 등을 받게 된다.

◻ 누군가가 손을 내밀어 높은 곳으로 끌어올려준 꿈은 / 어려움에 봉착하게 되어도 남의 도움을 받아 무난히 극복하게 된다.

◻ 병상에 있는 환자가 큰절을 받은 꿈은 / 병이 더욱 악화되거나 운명의 날이 며칠 남지 않은 것이다.

◻ 죽음 직전에 있는 사람의 손을 잡아서 구해준 꿈은 / 어떤 사람을 도와줄 일이 생기며 그 일로 인해 재정적인 큰 손해를 입게 된다.

◻ 누군가에게 공손히 절을 한 꿈은 / 꿈속의 사람에게 부탁을 할 일

이 생기며 원했던 결과를 얻게 된다.

▨ 신랑 신부가 서로 바라보고 맞절을 한 꿈은 / 하는 일마다 꼬이기만 하고 뜻대로 되는 일이 없다.

▨ 상대방의 손을 두 손으로 감싸잡은 꿈은 / 형제나 연인, 사제 등의 도움을 받게 된다.

▨ 손위의 사람이 자기에게 절을 한 꿈은 / 자기보다 높은 지위에 있는 사람이 어떤 일을 부탁해온다.

▨ 방안에 있는 사람의 손을 잡아 끌어낸 꿈은 / 상대방의 의견이야 어떻든 자신이 살기 위해 남에게 피해 입힐 일이 생긴다.

▨ 상대방에게 절을 하고 그가 답례하는 것을 빤히 바라본 꿈은 / 누군가에게 부탁했던 일이 이루어지지 않는다.

▨ 상대방의 손을 잡았는데 몹시 차갑게 느껴졌던 꿈은 / 꿈 속의 상대방에게 냉대받을 일이 생긴다.

15) 속삭임 · 기절 · 놀람 · 결혼 · 물거나 물림

▨ 누군가에게 물린 꿈은 / 상대방이 누리고 있는 인기나 권세 등이 자기 쪽으로 옮겨져온다.

▨ 자신의 결혼식에 상대자가 바뀌어 버린 꿈은 / 계약할 일이 생기면 자신에게 유리한 조건이 된다.

▨ 결혼식장에 서 있는 자신을 거울을 통해 본 꿈은 / 이 꿈을 유부녀가 꿨다면 결혼 전에 사랑했던 사람을 우연히 만나게 된다.

▨ 두 마리의 서로 다른 짐승이 서로 물어뜯으며 싸우는 걸 본 꿈은 / 두 개의 서로 다른 세력이 단합하거나 원수처럼 지내던 사람과 와

해하게 된다.

◇ 커다란 동물이 자신을 물고 놓아주지 않은 꿈은 / 직장이나 권력 등을 얻으면 오래도록 보직하게 된다.

◇ 누가 무슨 말인가를 속삭이는데 무슨 말인지 알아듣지 못한 꿈은 / 자신이 어떤 의견을 내놓거나, 작품 등을 발표해도 사람들이 이해 해 주지 않는다.

◇ 한 장소에서 **합동결혼식을** 하는 걸 본 꿈은 / 진지한 회담에 참석 하게 되고 그 회담이 몇 시간에 걸쳐 이루어진다.

◇ 남이 듣지 못하도록 서로 속삭이는 꿈은 / 어떤 소문에 말려들게 되거나 여러 사람의 입에 오르내리게 된다.

◇ 무엇엔가 크게 놀란 꿈은 / 무슨 일을 계기로해서 큰 감동을 받을 일이 생긴다.

◇ 결혼선물을 주고받은 꿈은 / 계약서 등의 증서를 꾸밀 일이 생긴 다.

◇ 결혼식장에 입장했는데 상대방은 물론 하객이 한 사람도 없었던 꿈은 / 취직을 하게 되거나 새로 시작해야 할 일 등이 생긴다.

◇ 드레스를 입고 결혼식장에 입장한 꿈은 / 직장을 옮기는 등 자신 과 관련된 크나큰 변화가 있게 된다.

◇ 자기가 무서운 날짐승이 되어 약한 가축을 채어갔던 꿈은 / 자기 의 권력이 막강해져서 많은 사람들이 따르게 된다.

◇ 동물이 피를 흘리고 비명을 지르며 싸움하는 것을 본 꿈은 / 누군 가가 회생할 수 없을 정도로 무참하게 몰락하는 것을 목격하게 된다.

16) 포옹·입맞춤·눈짓·보는 꿈

◇ 갓 태어난 아이를 안은 꿈은 / 자기 능력으로는 해결할 수 없는 일을 맡고 고민하게 된다.

◇ 키스를 한 꿈은 / 어떤 일을 하든 결실을 맺지 못하고 자신의 능력을 비관하게 된다.

◇ 이성인 상대방과 포옹을 한 꿈은 / 감히 생각하지도 못했던 일이 생겨 고민에 빠지게 된다.

◇ 무엇인가를 뚫어지게 바라본 꿈은 / 무슨 일을 하든 확실한 결과를 보게 되며 어떤 사업의 관리를 맡게 된다.

◇ 빛이 너무나 강렬해서 눈을 뜰 수 없을 정도였던 꿈은 / 상대하는 사람의 능력, 정열 등에 눌려 자신의 능력을 제대로 발휘하지 못하게 된다.

◇ 키스를 하는데 어느 사이에 성기가 팽창한 꿈은 / 자기보다 연하인 사람에게 훈계할 일이 있지만 열심히 훈계한 만큼 성과를 얻지 못한다.

◇ 상대방이 눈짓으로 무슨 지시를 한 꿈은 / 떳떳하지 못한 거래를 할 일이 생긴다.

◇ 상대방이 자신의 전신을 찬찬히 뜯어본 꿈은 / 자기에 대해서 자세히 알려고 하는 사람이 생기거나 어떤 기관으로부터 조사받을 일이 있게 된다.

◇ 어떤 형태로든 키스를 했던 꿈은 / 기다리던 소식이 오거나 의심스러웠던 진상을 알게 되거나 누군가를 고소할 일 등이 생긴다.

◇ 반듯이 누워서 하늘을 바라본 꿈는 / 개인적인 일에서 벗어나 국가적인 일에 지대한 관심을 쏟을 일을 체험하게 된다.

◇ 일하고 있는 상대방을 바라보고 있었던 꿈은 / 직접적인 자신의 일이나 자신과 연관이 되는 남의 일에 종사하게 된다.

◇ 사랑하는 사람과 입마춤을 했는데 몹시 만족스러웠던 꿈은 / 애인에게서 기쁜 소식을 듣게 되며 많은 일거리를 부탁받게 된다.

◇ 이성이 아닌 동성간의 열렬한 포옹의 꿈은 / 여러 사람이 모여 토론을 해도 의견 일치를 보게 된다.

◇ 장시간 동안 키스를 했던 꿈은 / 누구를 만나든 그 사람에 대한 모든 것을 정확히 알게 된다.

◇ 이성이 윙크를 했는데 어쩔줄 몰라 했던 꿈은 / 명예에 손상이 될 일을 당하거나 누군가의 모함에 말려들게 된다.

◇ 어떤 물건을 두 팔로 꼭 안았던 꿈은 / 어떤 업무나 작업의 책임자로 발탁되게 된다.

◇ 누군가가 자기를 꼭 안아준 꿈은 / 이성에게 구혼을 청하거나 신령적 존재에게 자비를 구할 일이 생긴다.

◇ 키스를 했는데 몹시 불만스러웠던 꿈은 / 누구에겐가 잘못을 저질러 죄스러웠던 점을 용서받으려하나 받아주지 않는다.

17) 서는 꿈·눕는 꿈·앉는 꿈

◇ 아무 곳에서나 엎드려 있었던 꿈은 / 승부할 일이 있으면 패배자가 되며 누구의 감언이설에 속을 위험이 있다.

◇ 아무 곳에나 앉아 있었던 꿈은 / 히던 일이 중단되거나 직장을 옮기게 된다.

◇ 누군가와 함께 나란히 누워 있었던 꿈은 / 사업에 동업자가 끼어

들게 되며 오랜 세월이 지난 후에야 그 사업의 성과가 나타나게 된다.

◙ 이불을 덮은 채로 누워 있었던 꿈은 / 진행 중인 일이 중단되기 쉬우며 질병에 걸리게 된다.

◙ 앉지도 서지도 않은 엉거주춤한 상태로 있었던 꿈은 / 자신에게 불리한 일이 닥치나 빠져나갈 구멍이 없게 된다.

◙ 다소곳이 의자에 앉아 있었던 꿈은 / 경제적인 도움이 될 일거리가 생기거나 원했던 회사에 취직이 된다.

◙ 반듯하게 누워 시간감각을 잊어버렸던 꿈은 / 실직이 되어 긴 공백을 갖게 되거나 병상에 있는 사람은 치유기간이 길어지게 된다.

◙ 너무 오랫동안 잠을 잤다고 여겨지는 꿈은 / 묵혀두었던 일을 다시 시작할 일이 생기거나 무관심했던 일에 관심을 갖게 된다.

◙ 누군가가 자기의 머리에 다리를 올려 놓고 누워 있었던 꿈은 / 어떤 일을 하는 경쟁자에게 패배를 하게 된다.

◙ 잠자고 있는 사람을 본 꿈은 / 활발하게 진행되던 일이 침체상태에 빠지게 된다.

◙ 여러 사람이 나란히 의자에 앉아 있는 꿈은 / 여러 사람이 함께 일할 일이 생기고 많은 사람인데도 엇갈리는 의견이 없게 된다.

◙ 누군가의 무릎을 베고 누워 있었던 꿈은 / 상대방이 자기의 부탁을 들어주며 누군가에게 자신의 모든 걸 의지하게 된다.

◙ 반듯하게 누워 있는데 발치에 누가 앉아 있었던 꿈은 / 자신의 일에 방해하는 사람들이 많아 심한 어려움을 겪게 된다.

◙ 여행을 하던 중에 갈가에 앉아서 휴식을 취했던 꿈은 / 순조롭게 진행되던 일에 이변이 생겨 중도에서 포기하거나 장시간 농안 보듀 상태로 낙게 된다.

◇ 선 채로 성교하는 것을 본 꿈은 / 꿈 속에서 본 그 당사자와 얽히고 설킨 일의 매듭이 풀린다.

18) 맞고 때림 · 걷어 참 · 춤 · 밟는 꿈 · 밀치는 꿈

◇ 실컷 얻어터진 꿈은 / 남에게 칭찬을 받지 않으면 심한 비난을 받게 된다.

◇ 무용하는 것을 구경한 꿈은 / 과대한 광고 등에 현혹되어 패배를 자초할 일이 생긴다.

◇ 음악에 맞추어 춤을 춘 꿈은 / 과격한 시위를 목적으로 한 단체에로부터 가입교섭을 받거나 가입하게 된다.

◇ 여러사람이 하는 체조나 무용을 자신이 직접 지휘한 꿈은 / 다른 사람의 사업을 인수하게 되거나 소액의 투자로 큰 이익을 얻게 된다.

◇ 큰 바위를 가볍게 굴려버린 꿈은 / 자신의 미비한 힘으로 어떤 단체를 움직일 수 있게 된다.

◇ 강아지가 뒤따라오자 야멸차게 쫓아버린 꿈은 / 자신의 일에 방해가 되는 사람을 따돌리게 되거나 병상에서 헤어나게 된다.

◇ 여러 사람에게 일시에 폭행을 당한 꿈은 / 많은 사람들이 자신을 평가하게 되며 결과는 비교적 만족스럽다.

◇ 뒤쫓아오는 여자를 손으로 밀어서 넘어뜨린 꿈은 / 교활하고 타산적인 사람을 설득할 일이 생긴다.

◇ 상처가 날 정도로 두들겨맞은 꿈은 / 자신이 하고 있는 일에 대해 세상 사람들이 손가락질을 하며 비난하게 된다.

제15장
불·빛·열에 관한 꿈

1) 불

☒ 숲이나 얕은 언덕이 불타는 꿈은 / 하고 있는 일이 번창하고 잘 이루어진다.

☒ 전선이 합선되어 불이 번쩍거린 꿈은 / 어떤 기관에서 추진하는 일이 제대로 풀린다.

☒ 불이 다 타서 재만 남은 꿈은 / 사업이 잘 추진되어 가다가 돌발적인 사고로 인해 재물을 잃어버리게 된다.

☒ 물건이 타는데 불길은 없고 연기만 난 꿈은 / 공연한 헛소문이 떠돌게 된다.

☒ 상대방 몸에 불이 붙어 타는 것을 본 꿈은 / 자기의 일거리나 사업이 번창하게 된다.

☒ 화롯가에 여러명이 빙 둘러 앉아 있는 꿈은 / 상대방과 사소한 시비거리로 말다툼을 하게 된다.

☒ 벽이 갈리진 틈으로 연기가 나온 꿈은 / 옥란한 사업을 하거나 불쾌한 일을 겪게 된다.

◇ 폭죽의 불꽃이 밤하늘에 찬란히 퍼지는 것을 본 꿈은 / 계몽 사업으로 선풍적인 인기를 얻어 세인의 이목을 집중시킨다.

◇ 방안에 연기가 새어드는 꿈은 / 전염병에 감염되기 쉽고 남에게 누명을 쓰게도 된다.

◇ 전기공사를 잘못하여 합선된 것이 폭음과 더불어 큰 불이 난 것을 본 꿈은 / 하고 있는 일이 크게 성취되어 많은 사람들의 관심거리가 된다.

◇ 잔디에 불이 붙어 번져나간 꿈은 / 자기가 소원한 일이 뜻대로 이루어진다.

◇ 난로에 불이 잘 붙었던 꿈은 / 사업이 잘 운영되거나 소원이 충족된다.

◇ 남의 밭에 붙은 불이 자기 집에 옮겨 붙어 활활 탄 꿈은 / 남의 권리나 재산을 자기 앞으로 이전해서 크게 부자가 된다.

◇ 아궁이에 불을 때는 것을 본 꿈은 / 사업을 계획성 있게 추진시켜 나간다.

◇ 집이 활활 타고 있는 꿈은 / 사업이 융성해져서 탄탄한 기반을 잡게 된다.

◇ 자기 몸에 불이 붙는 꿈은 / 자기가 하고 있는 일이 순조롭게 잘 이루어지고 신분이 새로와진다.

◇ 건물이 폭탄을 맞아 화재가 난 꿈은 / 여러 방면으로 사업이 크게 번창한다.

◇ 불이 여러 군데 옮겨 붙은 꿈은 / 어떤 언론·출판 기관에서 자기의 관련있는 기사를 다루거나 광고하게 된다.

◇ 강물에 불이 붙은 꿈은 / 어떤 기관과 협력한 정신적, 물질적 사업으로 크게 성공한다.

◇ 마당의 흙 속에서 불길이 한가닥 솟아오른 꿈은 / 남에게 자신을 과시할 일이 한번쯤은 있게 된다.

◇ 타오르는 불길을 끈 꿈은 / 번창하고 있던 사업이 도중에 방해물이 생겨 중단하게 된다.

2) 빛 · 열

◇ 자기의 그림자가 들판을 가로지른 꿈은 / 자기의 영향력이 크게 사회에 미친다.

◇ 횃불을 들고 어두운 밤길을 걷는 꿈은 / 어렵고 힘든 일을 극복하거나 진리를 깨닫게 된다.

◇ 모르는 사람이 전기줄을 거두어 간 꿈은 / 사업이 중단되거나 남에게 청탁한 일이 이루어지지 않는다.

◇ 가로등 밑에서 일을 하거나 서 있는 꿈은 / 어떤 협조자에 의해서 근심 걱정이 해소된다.

◇ 광선이 강하게 방안으로 들어온 꿈은 / 어떤 강대한 외부 세력 또는 종교적인 힘이 자기에게 영향을 미친다.

◇ 남이 횃불을 들고 가는 것을 본 꿈은 / 어떤 사람의 지도나 조언을 받는다.

◇ 불 가운데 있으면서도 타죽지 않은 꿈은 / 여러 방면으로 부족한 것이 없는데도 일을 성사시키지 못한다.

◇ 투명한 물건이 빛을 받아 광선이 반사된 꿈은 / 어떤 사람의 업적이나 일거리가 자기에게 도움을 준다.

◇ 초롱불을 들고 밤길을 간 꿈은 / 동업자, 은인 등을 만나 일이 살

추진되어 간다.

▣ 방안에 촛불이 환히 밝혀 있는 꿈은 / 사업이나 소원이 자기 뜻대로 이루어지고 근심 걱정이 해소된다.

▣ 폭음과 더불어 하늘 일각에 섬광이 번쩍거린 꿈은 / 사람들을 깜짝 놀라게 할 만한 기사거리를 읽게 된다.

▣ 성화대에 불이 잘 붙는 꿈은 / 널리 교리를 전파하고 교회를 설립하게 된다.

▣ 창문에 그림자가 비친 것을 본 꿈은 / 상대방에게 쉽게 접근하지 못한다.

▣ 전기불이 환하게 밝혀진 곳으로 간 꿈은 / 매사에 하는 일마다 순조롭게 풀린다.

▣ 어두컴컴한 길을 걷는 꿈은 / 새로운 소식을 듣거나 가보지 않은 곳에 간다.

▣ 빛이 방안으로 환히 들어온 꿈은 / 해결되지 않은 문제가 풀리고 집안에 경사가 있게 된다.

▣ 폭발물이 터져서 죽은 꿈은 / 어떤 혁명적이고 창의적인 일이 성사되어 기쁨을 함께 나눈다.

▣ 전기불이 깜빡거리는 꿈은 / 하는 일이 계속 반복을 거듭한다.

▣ 성화를 들고 계속 달리는 꿈은 / 이것이 태몽이라면 진리 탐구를 하거나 종교적 지도자가 될 아이가 태어나게 된다.

▣ 하늘에서 땅으로 번개와 같은 광선이 뻗은 꿈은 / 자기가 하고있는 일이 많은 사람들을 감동시킨다.

▣ 전기줄을 방안에 새로 가설한 꿈은 / 새로운 직장에 취직되거나 새로운 사업을 추진해 나간다.

◻ 밖에서 들여다 보는 집 창문에 불이 환히 밝혀져 있는 꿈은 / 어떤 기관에서 자기의 성실함을 인정해 준다.

◻ 전신에 화상을 입은 꿈은 / 어떤 사람과 인연, 계약을 맺거나 기념할 일 등이 생긴다.

◻ 금은 보화의 물체가 빛을 발하거나 그 빛이 하늘에 닿는 꿈은 / 업적, 작품 등이 크게 성취되어 많은 사람들에게 인정을 받는다.

◻ 이층과 아랫층에서 각각 불이 난 꿈은 / 상부층과 하부층에 관계된 일이 각각 번창하게 되고 선전 광고할 일이 생긴다.

제16장
승용구 · 우편 · 전신 · 전화에 관한 꿈

1) 비행기 · 로케트 · 우주선 · 인공위성

☒ 수많은 비행기가 떠서 싸움을 벌이거나 우왕좌왕 떠다닌 것을 본 꿈은 / 머리가 아프거나 복잡한 일에 얽매인다.

☒ 비행기가 착륙해서 자가용으로 변한 꿈은 / 국영기업체가 어떤 전환기에 개인 기업체로 바뀌는 것을 뜻한다.

☒ 비행접시나 인공위성을 타고 다닌 꿈은 / 좀 더 부귀로운 고급 기관에서 생활하게 된다.

☒ 우방국가 원수의 비행기를 샐러리맨이 탄 꿈은 / 근무하고 있는 거래처와 관련이 있고 같은 회사 계열로 전근하게 된다.

☒ 적기와 아군기가 공중전을 하는 걸 본 꿈은 / 자기 세력이나 남에 의해서 방해적인 여건을 물리친다.

☒ 비행기가 폭격하는 것을 본 꿈은 / 자기의 일을 변경시키거나 개선을 꾀한다.

☒ 무수한 편대비행이 계속되는 것을 본 꿈은 / 하고 있는 사업이 점차 발전되어 가는 것을 여실히 느끼게 된다.

◇ 적기를 격추시킬 수 있었던 꿈은 / 자기가 계획한 일이나 소원이 협조자에 의해서 무난히 성취된다.

◇ 비행기가 공중에서 폭파되거나 추락한 꿈은 / 자기의 신변이 새롭게 바뀐다.

◇ 비행기 안에서 비둘기가 나온 것을 안고 들어간 꿈은 / 이것이 태몽이라면 사회 봉사원, 간호원 등으로 활동할 자손을 얻게 된다.

◇ 편대비행를 하는 것을 본 꿈은 / 자기 사업이 계획성 있게 잘 추진되어 간다.

◇ 자신의 뒷모습을 기자가 비행기에서 촬영한 꿈은 / 어떤 공공단체에서 자기의 신변에 관해서 조사한다.

◇ 물건을 비행기가 실어다 준 꿈은 / 어떤 단체에서 책임을 지어주거나 일거리를 가져다 준다.

◇ 종이 비행기가 소리를 내며 날아가고 또다른 종이 비행기가 폭음과 함께 하늘을 날아간 꿈은 / 두 개의 감동적인 작품이 매스컴을 통해서 널리 알려진다.

◇ 비행기가 공중에서 기관총을 쐈는데 그 탄피를 주운 꿈은 / 지상에 발표한 작품을 수집하거나 복권, 경품권 등에 당첨될 가능성이 있다.

◇ 대통령의 전용기를 공무원이 탄 꿈은 / 정부 기관이나 고위층 간부급에 발탁되어 승진한다.

◇ 풍선이 떴던 위치에 수송기가 날아온 꿈은 / 어떤 사업을 시작하는데 협조자의 도움을 많이 받는다.

◇ 비행기가 크고 높은 빌딩을 폭파시킨 꿈은 / 구태의연한 봉건 사상, 기성 세대 등을 다피한다.

◇ 엔진이나 프로펠러가 여러개 달린 큰 비행기가 바다에 착륙한 것

을 본 꿈은 / 어떤 연구 기관이 해외에 청착해서 큰 빛을 보게 된다.

◻ 비행기의 심한 폭격으로 여기저기에서 사람들이 도망친 꿈은 / 출품한 작품이 탈락된다.

2) 기차·자가용·버스·트럭

◻ 기분이 좋아서 자가용을 운전하는 꿈은 / 어떤 기업체를 운영해 나가거나 지휘권을 갖게 된다.

◻ 차를 탄 채 하늘을 날으는 꿈은 / 자신이 하고 있는 사업에 세인의 관심이 쏠려 번창하며 현실에 만족한다.

◻ 많은 사람이 차 둘레에 몰려 있는 꿈은 / 어떤 기업체에 많은 사람이 청원하거나 시비가 있게 된다.

◻ 자기집 분뇨를 분뇨차가 퍼간 꿈은 / 어떤 재물의 손실이 있거나 세금을 납부하게 된다.

◻ 차바퀴에 펑크가 나서 고친 꿈은 / 하고 있는 일을 다시 한번 재검토 한다.

◻ 자신이 승차한 차가 수렁에 빠진 꿈은 / 사업이 운영난에 빠져 허덕이게 된다.

◻ 버스에 서서 있다 빈자리가 생기자 앉았던 꿈은 / 외근 관계직에서 내근을 맡게 되거나 완전한 책임을 부여받는다.

◻ 철길을 여러개 지나거나 기차 밑을 지나간 꿈은 / 어려운 난관을 지혜롭게 잘 극복해 나간다.

◻ 여러 대의 자가용이 자기집 마당에 정차되어 있는 꿈은 / 사업상 협조자가 많이 있음을 나타낸다.

◇ 분뇨차가 냄새를 풍기면서 옆을 지나간 꿈은 / 어떤 기관에서 좋지 않은 소문을 퍼트리거나 자기 신변에 관한 소문이 난다.

◇ 차가 가버려서 승차하지 못한 꿈은 / 취직, 입학, 현상모집 등에서 탈락하게 된다.

◇ 차에 휘발유를 넣는 꿈은 / 사업 자금을 많이 투자하게 된다.

◇ 차가 강물에 떠내려가 사라진 꿈은 / 어떤 강한 세력의 압력에 밀려 사업기반을 잃게 된다.

◇ 교통사고가 나서 죽거나 다친 것을 본 꿈은 / 자기와 밀접한 관계에 있는 사람에게 평범 이상의 일이 생기게 된다.

◇ 차 앞이 밖으로 향해 있는 꿈은 / 자기의 일이 계획성 있게 조속히 잘 추진된다.

◇ 탱크를 부수고 사람을 죽인 꿈은 / 어떤 세력을 잡아서 자기 능력을 마음껏 행사하거나 과시하게 된다.

◇ 트럭에 이사짐을 싣는 것을 본 꿈은 / 어떤 기관에서 많은 일을 부탁하거나 사업을 새롭게 변경할 생각을 갖게 된다.

◇ 버스를 운전사와 자신만 타고 간 꿈은 / 어떤 방해적인 여건, 시비의 대상이 없이 자기 권한을 마음대로 과시하게 된다.

◇ 차를 탄 채 자기 집으로 들어온 사람을 본 꿈은 / 어떤 단체의 대표가 자기와 여러가지 일로 타협하게 된다.

◇ 기차가 철로 위를 마음껏 달린 것을 본 꿈은 / 하고 있는 일이 순리대로 잘 진행되어 간다.

◇ 기차가 레일도 없는 산을 달리는 꿈은 / 어떤 단체나 조직체가 자유롭게 운영되어 나가거나 세상에 과시할 일이 있다.

◇ 방에 버스가 들어와 있는 걸 본 꿈은 / 어떤 기관의 추대를 받거

나 기관 내에서 단체 항의에 부딪혀 권세가 흔들린다.

◇ 애인과 함께 차를 타고 드라이브 한 꿈은 / 애인이 생기게 되며 혼담이나 결혼 생활이 원만하게 이루어진다.

◇ 버스의 차창 밖으로 일어난 사건을 본 꿈은 / 어떤 생활 도중에 생길 문제와 사건이거나 남에 관한 일에 관심을 갖게 된다.

◇ 차를 도중에서 탄 꿈은 / 직장에 취직되거나 어떤 단체에 가입하게 된다.

◇ 길을 닦거나 집터를 닦고 있는 중장비를 본 꿈은 / 어떤 기관에서 계몽 사업, 개척 사업 등에 종사할 일이 있게 된다.

◇ 사이렌을 크게 울리며 소방차가 달리는 것을 본 꿈은 / 데모 사건으로 군대, 경찰 등이 동원하여 진압할 일이 있다.

◇ 나무 사이로 검은 화물차가 달리거나 서 있는 것을 본 꿈은 / 방비가 소홀한 틈을 타서 범죄집단이 침범할 우려가 있다.

◇ 고장이나 사고로 인해서 차가 멈춘 꿈은 / 어떤 계획한 일이나 모임 등이 좌절된다.

◇ 강물에 차가 빠진 꿈은 / 어떤 일이나 소원의 결과가 큰 기업체에 흡수되거나 억압 받게 된다.

◇ 검은 택시가 방으로 들어와 있는 꿈은 / 미혼자가 결혼을 서두르고, 집안 사람 중에 누가 사망하게 된다.

◇ 기차가 폭파되거나 뒤집혀서 엎어진 꿈은 / 어떤 기관의 기능이 마비되거나 사업갱신이 있게 된다.

◇ 차에 송장을 싣고 달린 꿈은 / 오랫동안 재운이 트이게 된다.

◇ 큰 붓을 쥐고 지이프차를 타고 가다 내린 꿈은 / 어떤 잡지사에 작품을 연재하거나 문학작품을 출판하게 된다.

◇ 차만 쳐다보고 타지 않은 꿈은 / 청탁한 기관, 혼담자의 내부사정

등을 자세하게 알아 볼 일이 생긴다.

◇ 승용차 여러대 중 한대만 사람이 타고 나머지는 빈차로 있는 꿈은 / 자기가 여러 회사에 부탁한 일이 한 회사에서만 성사된다.

◇ 기차의 불빛이 자신에게 비친 꿈은 / 어떤 단체에서 자기 일을 빛내 주거나 기용할 일이 있다.

◇ 기차에 치어 죽은 꿈은 / 정치적인 일, 작품 등이 어떤 기관이나 언론사나 출판사에 의해서 성사된다.

◇ 출발 시간을 대합실에서 무료하게 기다린 꿈은 / 계획한 일이 어떤 기관이나 회사에 의해서 보류되거나 장시간 동안 기다리게 된다.

3) 보우트 · 배 · 군함 · 나룻배

◇ 물고기가 배 안으로 뛰어든 꿈은 / 사람의 목숨을 구하거나 재물이 생기게 된다.

◇ 수많은 사람이 기선에서 내린 꿈은 / 동등한 위치에 있는 사람이 취직하거나 집회장에서 퇴장하는 것을 보게 된다.

◇ 바람을 받는 돛단배가 잘 가는 꿈은 / 하고 있는 일이 순조롭게 잘 이루어진다.

◇ 함포를 쏘아 적함을 침몰시킨 꿈은 / 어떠한 어려움이 있어도 자신에게 주어진 일을 잘 극복해 나간다.

◇ 여성과 만족한 성교를 한 선장의 꿈은 / 물고기를 배 안에 가득하게 잡거나 어떤 회사와 유리한 계약을 맺는다.

◇ 배가 뒤집혀서 공중을 날으는 꿈은 / 어떤 단체에서 동맹파업을 일으키거나 시위를 하게 된다.

◇ 아무도 없는 배를 혼자 타고 떠내려간 꿈은 / 어떤 일을 제대로 수습하지 못하고 병원에 갈 일이 있게 된다.

◇ 배 안에서 불이 난 꿈은 / 사업이나 가정 형편이 점점 나아진다.

◇ 개펄에 엎어진 보우트를 바로 세워서 하천을 저어나간 꿈은 / 포기했던 일을 새로운 각오로 다시 시작한다.

◇ 배 안에 물이 흥건히 고여있는 꿈은 / 하고 있는 일이 점차 성과를 보이기 시작한다.

◇ 접대부를 손으로 더듬은 선원의 꿈은 / 배의 기물이 파괴되거나 사소한 일로 다투게 된다.

◇ 음식을 배 안에서 먹은 꿈은 / 다른 사람이 부탁한 일을 책임있게 해결해 준다.

◇ 수평선 너머로 배가 사라진 것을 본 꿈은 / 자기가 시작한 일의 성과를 기다리고 있거나 외국에 갈 일을 나타내기도 한다.

◇ 배에서 목재를 내려 쌓는 것을 본 꿈은 / 남을 통해서 많은 재물을 얻게 된다.

◇ 보우트를 저어서 가는 꿈은 / 주어진 조건의 일을 잘 처리하게 된다.

◇ 배의 선수에 깃발이 꽂히고 자기 혼자만 탄 꿈은 / 가까운 시일 안에 불행한 일이 있게 된다.

◇ 함장이 된 자신이 적함을 공격한 꿈은 / 경쟁 회사나 정당 등에 제재를 가하게 된다.

◇ 선장실이나 갑판에서 회의히는 것을 본 꿈은 / 새로운 난제를 조직하거나 어떤 세미나에 참석하게 된다.

◇ 짐을 만재한 화물선이 부두에 닿은 꿈은 / 뜻밖에 사업 자금이 생

겨서 이득을 얻게 된다.

◇ 기적소리를 내며 기선이 항구에 들어온 것을 본 꿈은 / 어떤 일의 성사를 위해서 나름대로 좋은 아이디어를 개발한다.

◇ 기선이 기적을 울리며 항구를 떠난 꿈은 / 어떤 새로운 일을 계획하게 된다.

◇ 뱃길에 물이 말라버린 꿈은 / 하고 있는 일이 도중에 포기된다.

◇ 항구 도시 술집에서 술을 많이 마신 선원의 꿈은 / 남에게 꾸지람을 듣거나 사기당할 일이 있다.

◇ 부두가에서 자신이 아는 사람을 전송한 꿈은 / 출세를 하거나 작품을 선전할 일이 있다.

◇ 작은 배에서 큰 기선으로 가볍게 올라가는 사람을 본 꿈은 / 사람을 기다리게 되거나 병상에 눕게 된다.

◇ 보우트를 타고 벌판에 있는 하천에서 물고기를 많이 잡은 꿈은 / 어떤 잡지에 작품을 연재하여 후한 원고료를 받게 된다.

4) 오토바이 · 자전거 · 역마차

◇ 하늘 높이 그네를 탄 꿈은 / 자기의 소원을 충족시키고 세상에 과시할 만한 일이 있게 된다.

◇ 경사진 곳을 자전거를 타고 오르는 꿈은 / 어떤 일을 추진하는데 장해물이 많이 따라 어려움을 겪게 된다.

◇ 어떤 사람이 청과물을 손수레에 가득 실어다 놓은 꿈은 / 다른 회사의 도움을 받거나 과인 선물을 받게 된다

◇ 병자나 노인이 가마를 타고 사라저 버린 꿈은 / 가정에 최근이 생

기게 된다.

◇ 마차를 타고 자신이 왕비나 왕자가 된 것처럼 호위를 받으며 거리를 달리는 꿈은 / 어떤 단체의 우두머리가 되거나 지위가 높아진다.

◇ 케이블카나 엘리베이터를 타고 오르내렸던 꿈은 / 어떤 단체에서 중개 역할을 하게 된다.

◇ 들것을 두사람이 마주 잡고 있는 꿈은 / 서로가 사소한 일로 의견 충돌이 있게 된다.

◇ 들것에 시체를 싣고 집 주변에서 서성거리는 모습을 본 꿈은 / 일의 성과를 얻으려면 상당한 시일을 필요로 하게 된다.

◇ 들것을 타고 가는 꿈은 / 협조자의 도움으로 자신의 지위가 높아진다.

◇ 처녀가 고목나무가지에서 그네를 타는데 노인도 다른 가지에서 그네를 타고 있는 꿈은 / 자신이 원했던 큰 기업체에서 자기 능력을 마음껏 발휘하게 된다.

◇ 가마문을 열어놓고 가는 꿈은 / 하고 있는 일이 순리대로 잘 풀린다.

5) 우 편

◇ 파란 도장이 봉투에 찍혀있는 꿈은 / 누군가가 등기 우편으로 돈을 붙여 온다.

◇ 소포를 받아 풀어보니 돌아가신 은사의 유물과 사진이 들어있는 꿈은 / 은사나 협조자가 저술한 서적을 선물 받는다.

◇ 우체국이나 우편함에 편지를 넣은 꿈은 / 어떤 기관에 부탁했던

일이 뜻대로 이루어진다.

◈ 편지봉투 안에 수표가 들어있는 꿈은 / 주소 불명의 부전지가 붙어 반환되어 온다.

◈ 누런봉투의 편지를 받아 본 꿈은 / 신문기사를 읽거나 청첩장을 받아 본다.

◈ 정신이상인 여자가 연애편지를 쓴 꿈은 / 어떤 언론·출판사에서 작품 청탁을 해온다.

◈ 편지 발신인의 주소를 읽는데 점점 희미하게 보인 꿈은 / 발신인의 주소가 바뀌게 된다.

◈ 우체부가 가방이 터지도록 편지를 담아 열려진 채로 걸어오는 걸 본 꿈은 / 장기간 동안 많은 편지를 받게 된다.

◈ 연애편지를 받은 꿈은 / 어떤 사업이나 작품 관계로 타기관에서 부탁해 올 일이 있다.

6) 전화 · 전신

◈ 수화기를 붙잡고 웃거나 짜증을 낸 꿈은 / 상대방을 제압하거나 자기의 소원이 충족된다.

◈ 새로 라디오를 사온 꿈은 / 어떤 기관에 청탁한 일이 순조롭게 이루어진다.

◈ 요란한 전화벨 소리를 들은 꿈은 / 외부로부터 뉴스거리나 새로운 소식을 듣게 된다.

◈ 자기 집에 전선줄을 설치한 꿈은 / 어떤 기관을 통해서 많은 협조를 구하게 된다.

◇ 키를 두드려 전문을 발신한 꿈은 / 명령을 하달받거나 통신 등의 수단으로 누구에겐가 소식을 전할 일이 생긴다.

◇ 상대방을 전화로 불러낸 꿈은 / 어떤 기관을 통해서 부탁할 일이 있다.

◇ 새로 구입한 텔레비젼을 설치한 꿈은 / 어떤 기관을 통해서 자기를 선전 하거나 가전 제품을 바꿔 놓는다.

◇ 상대방의 소리만 들린 꿈은 / 상대방의 소식을 듣거나 명령에 복종할 일이 있다.

◇ 라디오를 통해 연설을 들은 꿈은 / 웃사람에게 꾸지람을 듣게 된다.

◇ 가족이 모여 텔레비젼을 본 꿈은 / 웃사람의 명령에 복종하게 되고 어떤 기관에서 교육을 받을 일이 있다.

◇ 아버님 사망이란 전보를 받아 본 꿈은 / 실제로 부고를 받거나 사업이나 소원이 제대로 이루어지지 않는다.

◇ 상대방과 대화할 수 있는 꿈은 / 상대방과 대화 내용이 청탁이나 사건에 관한 일이다.

◇ 공중전화박스에 들어가 전화를 거는 꿈은 / 제3자를 통해서 상대방에게 청탁할 일이 생긴다.

◇ 많은 새가 전선주에 앉았다가 날아간 꿈은 / 어떤 언론 기관에서 여러 사람의 작품, 기사거리를 발표할 일이 있다.

◇ 높은 곳에 전화기가 매달려 있어 전화를 걸지 못한 꿈은 / 남에게 부탁한 일이 뜻대로 이루어지지 않는다.

◇ 대화 내용이 불확실한 꿈은 / 자기 혼자 일을 판단하게 된다.

제17장
스포츠·문화예술에 관한 꿈

1) 스포츠

◇ 공을 서로 주고받는 꿈은 / 어떤 시비거리로 상대편 마음과 서로 엇갈린다.

◇ 경기장에 많은 관중이 모인 꿈은 / 인원에 비례해서 자기 일은 그만큼 난관에 부딪히게 된다.

◇ 마라톤에서 꼴찌로 달리고 있는 꿈은 / 하고 있는 일이 순리대로 풀리고 안전하다.

◇ 자기 나라의 선수가 국제경기에서 승리한 꿈은 / 단체경기, 작품 응모, 사업 등에서 자기편 주장이 어떤 어려움도 뚫고 나가서 목적을 달성한다.

◇ 야구경기에서 자기편 선수가 홈런을 때린 꿈은 / 어떤 일을 해도 장해물없이 잘 해결된다.

◇ 관중석에 관람자가 아무도 없는 꿈은 / 어떤 복잡한 문제라도 어려움 없이 해결하고 스스로 판단한다.

◇ 자신이 찬 공이 높이 떠오르거나 경기장 밖으로 벗어난 꿈은 / 자

기의 능력을 발휘해서 공로를 치하받거나 하는 일마다 성공을 가져
온다.

▣ 경기장에서 도수 체조를 한 것을 본 꿈은 / 사업이나 학문적 발표
등에 잘 호응해 줄 사람들을 보게 된다.

▣ 공을 상대편 코트로 공격하지 못한 꿈은 / 패배 의식을 느끼고 일
에 대한 불안감을 체험한다.

▣ 마라톤에서 일등으로 들어온 꿈은 / 사상, 사업, 진급 등에서 승리
하고 명예를 얻는다.

▣ 자신의 구령에 맞춰 여러 사람이 체조를 하는 꿈은 / 자기의 지휘
능력이나 여러 사람이 협조를 잘 한다.

▣ 다른 사람이 넘겨준 릴레이바톤을 받아 힘껏 뛴 꿈은 / 어떤 단체
나 개인 사업, 학문 등을 인수받아 잘 운영해 나간다.

▣ 우승을 해서 많은 사람 앞에서 상장을 받은 꿈은 / 사회적으로 손
꼽힐만한 회사로 취직되거나 전근가게 된다.

▣ 검도나 펜싱을 시합한 꿈은 / 상대방과 열띤 논전을 벌일 일이 있
게 된다.

▣ 운동경기에서 선두로 나선 꿈은 / 어떤 일에 실패하기 쉽고, 마음
이 항상 불안하다.

▣ 외국팀과 축구시합을 하는데 우리 선수들이 승리한 것을 본 꿈은
/ 자기가 내세운 주장이 어떤 어려움도 극복하고 목적을 달성한다.

▣ 메달, 우승컵, 상금, 우승기를 탄 꿈은 / 어떤 난관을 극복한 다음
소원이나 계획한 일이 성취된다.

▣ 자신이 아닌 남이 일등으로 달리는 꿈은 / 사업 성과를 많은 사람
들 앞에서 발표한다.

2) 음악

◇ 반주에 맞춰 노래한 꿈은 / 어떤 단체의 주도권을 잡고 리이드해 나간다.

◇ 상쾌한 기분으로 산꼭대기에서 노래한 꿈은 / 자기를 남앞에 과시 하거나 권세와 명예를 얻는다.

◇ 피리를 분 꿈은 / 상대방의 마음을 동요시키고 남을 부추기어 소 문을 내게도 된다.

◇ 피아노를 힘있게 쳐서 멜로디가 울려퍼진 꿈은 / 자신이 소원했던 일이 충족되고 명성을 얻게 된다.

◇ 남이 신음소리를 내고 비명을 지르는 모습이 무척 애처롭게 생각 된 꿈은 / 다른 사람으로 인해서 마음이 언짢아진다.

◇ 자신이 악기를 연주한 꿈은 / 어떤 일을 통해서 자신이 기대한 만 큼의 목적을 달성한다.

◇ 낮은 언덕 밑에서 노래한 꿈은 / 부모님에게 어떤 화근이 생긴다.

◇ 칠판에 악기를 그리고 학생들에게 가르켜 준 꿈은 / 어떤 계획을 작성하거나 고용인에게 일을 분담시킨다.

◇ 연주를 하다가 중도에 악기줄이 끊어진 꿈은 / 하고 있는 일이 중 도에 실패하거나 연인들이 이별을 하게 된다.

◇ 노랫소리가 계속해서 들려온 꿈은 / 어떤 소문이나 작품이 계속해 서 널리 알려진다.

◇ 남이 노래하는데 어울려서 북을 치며 장단을 맞추는 꿈은 / 자기 가 주장하는 것을 빈힘없이 순순히 따르거나 대변자 역할을 해준다.

◇ 합창단에 소속되어 노래를 부른 꿈은 / 공동성명, 단체적인 모임

등에 가담할 일이 생긴다.

◇ 남의 노랫소리를 듣는 꿈은 / 제3자가 자기에게 호소하거나 자신의 주장이 남에게 불쾌감을 안겨준다.

◇ 피아노의 건반을 두드리자 소리가 난 꿈은 / 완고한 성격을 가진 사람의 마음을 움직여서 반응이 있게 만든다.

◇ 자신이 나팔을 분 꿈은 / 상대방의 마음을 움직여 권세나 명성을 떨친다.

◇ 소리가 가냘프고 크지 못한 꿈은 / 남과 사소한 일로 말다툼을 하거나 어떤 소문을 듣는다.

◇ 혼자서 노래를 부르는 꿈은 / 자기의 주장을 강력히 내세워 남의 마음을 동요시킨다.

◇ 저명한 음악가나 인기 가수와 함께 데이트를 한 꿈은 / 인기있는 직업을 갖거나 인기 작품을 쓰고, 레코드판을 사다 인기 가수의 노래를 듣는다.

◇ 총성이나 짐승, 사람의 소리가 멀리서 들려온 꿈은 / 먼곳에서 소식이 오거나 하고있는 일이 쉽게 해결되지 않는다.

◇ 행진곡을 연주하며 행진하는 군악대를 많은 사람들과 함께 지켜 본 꿈은 / 어떤 단체나 회사의 선전 광고물을 보거나 자기가 하고싶은 일을 잘 추진해 나간다.

◇ 음악소리에 도취되어 감격한 꿈은 / 정신적으로 남에게 도움을 받거나 선전광고에 매혹된다.

◇ 합창단의 합창을 듣는 꿈은 / 어떤 단체가 압력, 선전 등을 가해서 마음의 혼란과 동요를 가져 온다.

◇ 상대방이 흥겹게 춤추며 노래한 것을 본 꿈은 / 상대방이 지상을 통해서 자기 주장을 내세워 공박하고 시비할 일이 있다.

◇ 무당이 꽹과리를 치며 굿을 한 꿈은 / 언론이나 출판사에서 대대적인 광고를 한다.

◇ 노래를 하는데 반주가 안맞거나 가사를 잊어 제대로 부르지 못한 꿈은 / 어떤 청원이나 선전 등이 개인이나 단체에 의해서 승인되지 않는다.

◇ 대중 앞에서 노래를 부르는 꿈은 / 자기의 사상을 피력하거나 선전, 호소를 하여 많은 사람들을 따르게 할 일이 있다.

◇ 천지가 진동하면서 울려 퍼지는 소리를 들은 꿈은 / 사회적으로 지위가 높아지고 소문에 시달리게 된다.

◇ 악기를 연주하는 것을 남이 본 꿈은 / 애정 표현을 하거나 자기 선전, 종교적인 전도를 상대방이 해온다.

◇ 자신이 살려달라고 비명을 지르고 고함을 친 꿈은 / 자기의 신변이 남을 통해서 전달되고 고귀한 물건을 보고 감동한다.

◇ 현악기를 가지고 있는 꿈은 / 애인을 만나거나 협조자의 도움을 받는다.

3) 미술 · 사진

◇ 그림을 그리는데 자기 뜻대로 그려지지 않는 꿈은 / 계획이나 소원이 자기 뜻대로 이루어지지 않는다.

◇ 그림을 다른 사람이 보내온 꿈은 / 서적, 청첩장, 편지, 경고장 등을 받게 된다.

◇ 풍경화나 사생활을 그린 꿈은 / 어떤 사람이 사적인 일을 캐묻거나 자기 소원, 사업운, 혼담 등을 결정할 일이 있다.

◎ **사진기를 새것으로 구입한 꿈은** / 동업자의 도움을 받거나 연인을 만나게 된다.

◎ **사진첩을 펼쳐본 꿈은** / 남의 사생활을 조사하거나 고전을 읽게 된다.

◎ **사진을 찍으려 했는데 필름이 없어서 찍지 못한 꿈은** / 일의 성취가 불가능해 진다.

◎ **필기도구가 없어서 쩔쩔맨 꿈은** / 권력자의 지시대로 움직여 준다.

◎ **나체화를 보고 성충동을 일으킨 꿈은** / 어떤 사람의 신상 문제를 보게 되거나 남의 작품을 보고 마음이 불쾌해진다.

◎ **남의 그림을 감상한 꿈은** / 남의 청원, 연애편지, 신용장 등을 읽거나 검토할 일이 있다.

◎ **고적이나 풍경을 사진 찍는 꿈은** / 어떤 사건이나 업적을 기록에 의해서 남겨둔다.

◎ **상상화를 그리는 꿈은** / 현재나 미래에 전혀 예기치 못한 일을 묘사한다.

◎ **여러 가지 그림이 담긴 사진첩을 넘겨본 꿈은** / 어떤 사람을 추적하거나 도서목록, 이력서, 프로그램 등을 보게 된다.

◎ **추상화를 그린 꿈은** / 어떤 계획을 추진해 나간다.

◎ **풍경화 한 폭을 감상한 꿈은** / 자기 소원이나 계획한 일을 그 한 폭의 그림 내용에서 알 수 있다.

◎ **인형이 말을 한 꿈은** / 자기의 사악한 마음을 올바르게 고쳐 사람의 도리를 행한다

◎ **자신이 포즈를 취하고 있는데 사진을 찍은 꿈은** / 남이 자기의 신상 문제를 놓고 옳고 그름을 따진다.

◻ 그림을 새로 구입한 꿈은 / 어떤 단체에서 자신의 성실함을 많은 사람들이 인정해준다.

◻ 나체 모델을 놓고 화가가 그림 그리는 것을 본 꿈은 / 상대방의 심리 변화나 신상 문제에 관해서 알고 싶어 한다.

◻ 애인이 다른 사람과 사진찍는 걸 보고 운 꿈은 / 상대방이 하고 있는 일이 순리대로 잘 풀려 나간다.

◻ 결혼 사진을 찍은 꿈은 / 어떤 단체의 공공이익을 위하여 서로가 화합한다.

◻ 자신이 카메라를 들고 다른 사람의 사진을 찍어준 꿈은 / 다른 사람의 행동거지를 유심히 보면서 일일이 체크한다.

◻ 자신이 집안 사람들과 함께 사진을 찍은 꿈은 / 사업이나 계약 등의 일을 문서화하거나 남에게 도움을 준다.

4) 오락

◻ 방안에 화투가 여기저기에 흩어져 있는 꿈은 / 어떤 일을 마무리 짓지 못하고 심적 갈등을 겪는다.

◻ 낚시도구를 얻은 꿈은 / 사람을 판단하는 방법과 일에 대한 방도를 찾게 된다.

◻ 화투를 치려다가 그냥 옆으로 밀어 놓는 꿈은 / 남이 청원한 서류를 뒤로 미루어 둔다.

◻ 동갑 나이의 사람과 장기를 둔 꿈은 / 자기와 동격이거나 상대가 될 만한 사람과 사업상 승부를 가린다.

◻ 노름도구를 사용해서 돈을 잃거나 딴 꿈은 / 하고있는 일의 흥망

성쇠를 가름하게 된다.

◇ 등산장비를 짊머지고 산을 정복한 꿈은 / 사회적 지위를 얻고 자기의 소원이 뜻대로 이루어진다.

◇ 상대방과 함께 화투를 친 꿈은 / 어떤 단체에서 시비가 생겨 옥신각신할 일이 있다.

◇ 자신이 술래가 되어 숨어있는 사람을 찾아다닌 꿈은 / 시험이나 잊어버린 일로 심적 고통을 겪게 된다.

◇ 보물을 찾기 위해서 흙을 헤치자 해골이 나온 꿈은 / 자신의 성실함을 인정받거나 재물, 증서 등을 얻게 된다.

◇ 세계적으로 유명한 산상에서 행동을 한 꿈은 / 어떤 유명한 단체, 기업에서 자기의 능력을 마음껏 과시한다.

◇ 장기를 두는데 옆에서 사람이 상관한 꿈은 / 남의 일을 옆에서 참견하거나 방해를 한다.

◇ 바둑과 장기를 두는 것을 본 꿈은 / 어떤 세력다툼, 국제 정세의 변화 등을 한눈에 보게 된다.

◇ 추첨기를 돌려서 추첨표를 얻은 꿈은 / 어떤 기관에 청원을 해서 자기 뜻대로 이루어지도록 부탁한다.

◇ 높고 험한 산을 정복한 꿈은 / 자신이 하고 있는 일이 사회적으로 인정을 받는다.

◇ 흰돌을 쥔 자신이 상대편의 흑돌을 하나씩 따내며 바둑을 둔 꿈은 / 처음부터 자기에게 유리한 쪽으로 치우쳐 있었으므로 쉽게 상대방을 공략할 수 있다.

◇ 시골 노인들이 한꺼번에 몰려와 화투를 치자고 한 꿈은 / 어떤 기관에 청탁한 일이 쉽게 해결되지 않는다.

◇ 어린아이와 장기를 두면서 아이의 연령을 헤아린 꿈은 / 벅차고

고통스런 일거리와 남의 간섭을 받을 일이 있다.

◇ 국수급에 속하는 윗사람과 바둑을 두어 이긴 꿈은 / 최고의 세력, 권리 등을 확보할 수 있다.

◇ 산에서 사람이 소리지르며 손을 흔들고 하늘로 올라가는 걸 본 꿈은 / 높고 험한 산에서 조난당한 기사거리를 읽게 된다.

◇ 화투장을 늘어놓고 오관을 떼어본 꿈은 / 소원 성취나 계획한 일에 대한 예지와 판단을 위해 심사숙고 하게 된다.

◇ 기계를 조작해서 노름을 한 꿈은 / 어떤 기관을 통해서 행운을 얻게 된다.

5) 영화 · 연극

◇ 유명한 배우가 입고 있던 옷을 받아 입은 꿈은 / 유명한 사람의 지도를 받거나 협조를 얻어 비슷한 일을 하게 된다.

◇ 줄타기를 하다 떨어져 죽은 것을 본 꿈은 / 어렵고 힘든 일이 어떤 기관을 통해서 이루어진다.

◇ 유명한 탈렌트와 함께 데이트 한 꿈은 / 인기인이 되거나 자기를 과시할 일이 있다.

◇ 똑같은 화면이 영화 스크린에 여러번 비친 꿈은 / 신문, 잡지에 같은 내용 또는 비슷한 내용의 기사가 실리게 된다.

◇ 야외촬영을 하는데 많은 사람이 몰려 있는 꿈은 / 사업상 여러가지 보완 또는 고칠 일이 많거나 관심을 갖는 사람이 많다.

◇ 서커스를 구경한 꿈은 / 신진 광고, 잡지의 외설물 등을 보게 되고 사업이 위태롭게 보이지만 잘 운영해 나간다.

제18장
감정표현에 관한 꿈

1) 감정표현

◇ 상대방의 언행으로 불쾌해진 꿈은 / 상대방으로 인해서 불쾌한 일을 당하거나 불만이 생긴다.

◇ 상대방을 위로한 꿈은 / 남에게 지배당하거나 어떤 일로 근심 걱정할 일이 생긴다.

◇ 정체 불명의 웃음소리를 들은 꿈은 / 여러 사람에게 비웃음을 당하거나 병으로 시달리게 된다.

◇ 이성에게 욕정이 생기지 않는 꿈은 / 어떤 사람에 대해서 무관심하거나 당연한 일로 생각한다.

◇ 배가 고프다고 생각한 꿈은 / 무엇인지 항상 허전하고 부족한 느낌을 갖는다.

◇ 물고기를 잡아야겠다고 생각한 꿈은 / 어떤 재물을 소유하기 위해서 일을 계획한다.

◇ 일에 대해 고통스럽게 생각한 꿈은 / 하는 일마다 장애물이 생겨 난관에 부딪힌다.

◇ 무엇을 보고 황홀한 느낌을 갖는 꿈은 / 이상적인 일로 감격하거나 자기의 욕구를 충족시킨다.

◇ 상대방이 무표정해 보인 꿈은 / 상대방으로 인해서 조금도 근심 걱정할 필요가 없게 된다.

◇ 신세타령하며 슬퍼한 꿈은 / 현실에 불만을 갖게 된다.

◇ 상대방과 서로 마주보고 운 꿈은 / 사소한 일로 시비를 벌이다가 냉정을 되찾게 된다.

◇ 안면이 없는 여자가 흐느껴 운 꿈은 / 가정이나 자기 신변에 좋지 않은 일이 생긴다.

◇ 상대방이 명랑하고 활발해 보인 꿈은 / 상대방과 서로 마음이 통해서 교섭이 잘 이루어진다.

◇ 상대방이 추하다고 느낀 꿈은 / 마음에 들지 않는 사람을 만나거나 물건을 갖게 된다.

◇ 천지가 전체적으로 흐리게 보인 꿈은 / 근심 걱정할 일이 생기고 불쾌한 일을 겪게 된다.

◇ 모든 사물이 아름답다고 느낀 꿈은 / 하는 일이 만족스럽고 감동적인 일을 보게 된다.

◇ 상대방을 속여야겠다고 생각한 꿈은 / 진실이 아니거나 계교적인 일로 상대방을 유혹하게 된다.

◇ 모든 사물이 만족스럽다고 느낀 꿈은 / 자기의 소원을 충족시키고 현실에 만족한다.

◇ 어떤 경쟁에서 승리한 꿈은 / 어떤 일을 만족스럽게 성취시킨다.

◇ 거짓이라고 인정된 꿈은 / 위선적이고 왜곡된 일을 밝혀내게 된다.

◇ 성스럽거나 존엄하디고 생각된 꿈은 / 덕망있는 사람과 관계하거

나 유익한 책을 읽게 된다.

◇ 비위가 상해서 마음이 좋지 않은 꿈은 / 상대방에게 불쾌한 마음이 생겨 다투게 된다.

◇ 동물을 보고 공포감이 생긴 꿈은 / 위험한 일에 직면하거나 감동적인 일을 겪게 된다.

◇ 마음이 우울해진 꿈은 / 답답하고 근심 걱정할 일이 생긴다.

◇ 상대방과 마주보고 서로 활짝 웃는 꿈은 / 상대방과 의사소통이 서로 잘 된다.

◇ 오물 같은 것이 옷에 묻어 불쾌해진 꿈은 / 남에게 창피를 당하거나 근심 걱정으로 항상 불안해 한다.

◇ 상대방을 미워한 꿈은 / 상대방을 못마땅하게 생각하거나 불쾌한 마음이 생긴다.

◇ 상대방이 미워서 적의를 가진 꿈은 / 어떤 일거리에 불만을 가지거나 어떤 사람에게 애착심이 생긴다.

◇ 신령적인 존재를 두렵게 생각한 꿈은 / 신령적인 일로 감동하거나 불안해진다.

◇ 육체적인 통증을 느낀 꿈은 / 어떤 일을 시작하는데 여러가지로 많은 어려움을 겪게 된다.

◇ 감사하는 마음이 생긴 꿈은 / 자기가 소원한 일이 만족스럽게 해결된다.

◇ 상대방이 온순하고 착하게 보인 꿈은 / 어떤 사람이나 일거리가 자기 마음에 들지 않는다.

◇ 쫓기면서 붙잡힐까 불안에 떤 꿈은 / 하는 일마다 실패하여 마음이 항상 불안하고 고통스럽다.

◇ 사죄해 용서받은 꿈은 / 자신의 성실함을 많은 사람들이 인정해 준다.

◇ 성경 구절이나 격언을 읽은 꿈은 / 남에게 진실된 말이나 가르침을 받고 참된 일을 행한다.

◇ 상대방을 천시하거나 학대한 꿈은 / 상대방에게 불쾌한 감정을 노골적으로 표시한다.

◇ 상대방을 불쌍하게 여긴 꿈은 / 어떤 일이 자신에게 불리하고 피해를 입는다.

◇ 승차하고 있는 것이 평안하다고 느껴진 꿈은 / 하는 일이 안정되고 평안하며 소원이 성취된다.

◇ 시체 앞에서 다른 사람과 함께 운 꿈은 / 유산이나 사업 성과를 놓고 서로 다투게 된다.

◇ 상대방이 노래 부르거나 흐느껴 운 꿈은 / 제3자가 자기를 희롱하거나 해를 끼친다.

◇ 청중이 시끄럽게 웃는 꿈은 / 여러 사람의 비웃음을 당하게 된다.

◇ 자신이 대성통곡을 하면서 우는 꿈은 / 기쁘고 만족스러운 일이 있게 된다.

◇ 어두운 곳에서 무엇을 찾아 헤맨 꿈은 / 탐구한 것이 부진하거나 불안한 일에 직면하게 된다.

◇ 불의를 보고 비위가 상한 꿈은 / 남과 사소한 일로 다투게 된다.

◇ 상대방이 못생겨서 슬퍼하는 꿈은 / 상대방의 대접에 불만을 갖게 된다.

◇ 상대방을 보고 감탄한 꿈은 / 이상적인 일로 감격하거나 욕구 충족을 가져 온다.

◇ **상대방에 대해 공포감을 갖은 꿈은** / 상대방의 일로 위험에 직면하거나 불안해진다.

◇ **갈증을 해소시키지 못한 꿈은** / 자기가 소원한 일이 뜻대로 이루어지지 않는다.

◇ **무엇에 불만이 생긴 꿈은** / 마음이 불안하거나 고통을 느낀다.

◇ **분노를 폭발시켜 노성을 발한 꿈은** / 상대방을 지배하고 자기의 소원을 성취시킨다.

◇ **무엇을 보고 신비스럽게 생각한 꿈은** / 사회적인 톱 뉴스나 해명되지 않은 일에 깊은 관심을 갖게 된다.

◇ **남의 일을 부러워한 꿈은** / 상대방에게 불만을 느끼고 패배감을 맛보게 된다.

◇ **상대방을 무관심하게 바라본 꿈은** / 마땅히 이루어질 일이나 직접적으로 관계가 없는 일을 나타낸다.

◇ **이성이 애정을 표현해온 꿈은** / 어떤 사람에게 유혹당하거나 일에 애착이 생긴다.

◇ **울음을 그쳤다가 다시 울기 시작한 꿈은** / 울음의 횟수만큼 기쁜 일이 계속 생긴다.

◇ **대성통곡한 꿈은** / 자기가 소원한 일이 성사되고 자기 신변에 관한 일이 여러 사람에게 전달된다.

◇ **상대방이 통쾌하게 웃는 것을 본 꿈은** / 교활한 자기 꾀에 말려들거나 병마에 시달리게 된다.

◇ **상대방이 냉정한 태도를 취한 꿈은** / 상대방이 마음을 편안하게 해 준다.

◇ **상대방이 크게 화를 낸 꿈은** / 상대방에게 압도당하거나 책망을

듣게 된다.

◇ 환자가 건강을 회복한 꿈은 / 정신적인 일의 건전함과 자신만만한 태도를 나타낸다.

◇ 악한 일을 행하려는 꿈은 / 어떤 일을 강제적으로 성사시킨다.

◇ 남을 시기하고 질투한 꿈은 / 패배 의식을 갖거나 현실에 불만을 느낀다.

◇ 악행을 하면서 양심에 가책을 받은 꿈은 / 상대방에게 불만을 갖게 되고 하는 일마다 제대로 이루어지지 않는다.

◇ 상대방이 기뻐하는 것을 본 꿈은 / 패배감을 맛보거나 상대방에게 불쾌한 마음을 갖는다.

◇ 청중과 함께 웃는 꿈은 / 상대방과 사소한 일로 시비가 생겨 다투게 된다.

◇ 상대방이 서로 빙그레 웃는 꿈은 / 상대방과 다툴 일이 있거나 냉대를 받게 된다.

◇ 이성에 대해 욕정이 생긴 꿈은 / 상대방에게 불만을 느끼고 하고 있는 일이 중간에 포기된다.

◇ 불결해서 거북한 느낌이 든 꿈은 / 남에게 창피를 당하게 되고 불쾌한 일을 체험한다.

◇ 자신이 소원하고 희망한 꿈은 / 어떤 일을 추진해 나가거나 욕심이 생긴다.

◇ 고통 끝에 평안한 마음을 느낀 꿈은 / 어떤 일을 어려운 고비를 넘기고 성사시킨다.

2) 물체의 품질·가치

◇ 작은 일이 크게 확대된 꿈은 / 자기의 소원을 충족시키고 실제로 일이 크게 성사된다.

◇ 물건이 엉성해 보인 꿈은 / 어떤 일이 충실하지 못하거나 상대방의 믿음성이 부족하다고 느껴진다.

◇ 소유물이나 보이는 것이 싱싱한 꿈은 / 건전한 사고 방식을 갖고 있고 무슨 일이든 완벽하게 추진해 나간다.

◇ 수량이 적은 것을 소유한 꿈은 / 그 수량만큼 부족하고 불만을 갖게 된다.

◇ 물건을 새 것을 얻거나 가진 꿈은 / 자기 주변에 있는 것이 새롭게 바뀌거나 개선할 일이 생긴다.

◇ 공간이 줄어든 꿈은 / 자기가 기대하고 있었던 일이 뜻대로 이루어지지 않아 실망하게 된다.

◇ 짜임새가 엉성하게 느껴진 꿈은 / 얽혀져 있는 것이 부적당하고 소홀하게 느껴진다.

◇ 수량이 많은 것을 소유한 꿈은 / 그 수량만큼 풍부하고 만족한 일이 생긴다.

◇ 상대방이 늙어 보인 꿈은 / 오래된 일을 접하거나 지식이 많은 사람을 알게 된다.

◇ 부패하고 상한 물건을 얻은 꿈은 / 남에게 창피를 당하거나 마음이 항상 불안하다.

◇ 물건이 빈약하게 느껴진 꿈은 / 마음이 너그럽지 못한 사람을 만나게 된다.

◻ **연하고 부드러운 물건을 본 꿈은** / 작품이 미완성되거나 정서적으로 마음이 풍부하다.

◻ **행위나 전망에서 끝이 없다고 생각된 꿈은** / 허망하고 비현실적인 일을 접하게 된다.

◻ **헌 것을 소유한 꿈은** / 과거에 지니고 있던 물건을 발견하게 된다.

제19장
깃발·무기·전쟁에 관한 꿈

1) 깃발

◇ 부대가 군기를 앞세우고 행진한 것을 본 꿈은 / 자기 신변에 관한 일에 대해서 많은 사람들이 관심을 갖고 있다.

◇ 군기를 적군에게 빼앗기거나 접어둔 꿈은 / 하는 일이 성사되지 않고 어떤 단체에서는 협동이 안 된다.

◇ 유엔기와 태극기가 동시에 꽂혀진 것을 본 꿈은 / 어떤 입학 시험, 취직, 고시 시험 등에서 합격하게 된다.

2) 무기

◇ 기관총을 쏘아 적을 무참히 사살한 꿈은 / 어떤 기관을 통해 자기의 소원을 충족시킨다.

◇ 창을 던져 상대방을 겨냥한 꿈은 / 어떤 일을 서로 협동하여 성사시키게 된다.

◇ 창으로 상대방을 꿰뚫은 채 뽑지 않은 꿈은 / 어떤 일을 성취시키

는 데 많은 어려움이 따른다.

◇ 은장도를 모르는 사람이 처녀에게 준 꿈은 / 미혼녀는 좋은 사람과 인연을 맺게 된다.

◇ 군도를 얻은 꿈은 / 자신의 지위가 높아지고 여러 방면으로 몰두하게 된다.

◇ 총을 쏘아 적을 사살한 꿈은 / 여러 방면으로 자신이 소원한 일이 이루어진다.

◇ 상대방이 쏜 총알이 몸에 박힌 꿈은 / 미혼자는 혼담이 오고가고 사업상 계약이 이루어진다.

◇ 상대방이 기관총을 겨누고 있는 곳을 피해 간 꿈은 / 어려운 난관을 극복하거나 아니면 자기 일이 어떤 기관에 의해서 성사되지 않는다.

◇ 상대방과 칼 싸움을 한 꿈은 / 자기와 대등한 능력을 가진 사람과 경쟁할 일이 있다.

◇ 의사가 자기를 수술한 꿈은 / 자기가 하고 있는 일을 남에게 평가받게 된다.

◇ 처녀가 단도로 자기의 가슴을 찔렀다가 뽑으면서 깨어난 꿈은 / 병으로 인해 수술을 받게 된다.

◇ 활을 쏘아 표적을 맞춘 꿈은 / 자기가 원하던 일이 뜻대로 이루어진다.

◇ 칼로 상대방을 벤 꿈은 / 어떤 일을 성사시키려고 많은 사람들과 접촉하게 된다.

◇ 칼로 물건을 자른 꿈은 / 어떤 일을 하는데 공적인 일이나 사적인 일을 정확히 구분해 놓는다.

◇ 공중에서 총을 자기에게 겨냥하고 있는 꿈은 / 데모기 일어나거나

어떤 단체에서 직책을 맡게 된다.

◇ **상대방이 총구를 자기에게 겨냥하고 있어 무서워 떨고 있는 꿈은** / 질병, 불안, 고통 등으로 하는 일마다 풀리지가 않는다.

3) 전쟁

◇ **전쟁이 격렬해진 꿈은** / 격렬해질수록 하는 일마다 복잡하고 난관에 부딪히게 된다.

◇ **전쟁이 났다고 군대가 이동한 것을 본 꿈은** / 자기가 계획한 일을 뜻대로 추진해 나간다.

◇ **포로가 되거나 폭사당한 꿈은** / 어떤 사람에게 부탁한 일이 소원대로 이루어진다.

◇ **적과 싸워서 전사한 꿈은** / 어려운 난관을 극복한 뒤에 성과를 보게 된다.

◇ **자기가 선전포고문을 낭독한 꿈은** / 어떤 일을 추진하기 위해 계획한 것을 남에게 보여준다.

◇ **간첩을 신고한 꿈은** / 사업상 여러 군데의 거래처를 확보하기 위해서 많은 사람들과 접하게 된다.

◇ **전쟁에서 패배한 꿈은** / 매사에 하는 일마다 실패를 거듭한다.

◇ **전쟁이 나서 피난간 꿈은** / 남에게 부탁한 일이나 집안 사정으로 일이 제대로 풀리지 느다.

제20장
문서·책·문자·숫자에 관한 꿈

1) 문서

◇ 문서를 찢거나 태워버린 꿈은 / 자기의 신분, 권리 등이 박탈당하고 어떤 사건을 처리하게 된다.

◇ 문서를 태워 재가 남거나 꾸기거나 찢어서 간직해 둔 꿈은 / 사건 수습이 안되고 어떤 증거물을 남기게 된다.

◇ 경비원에게 여행증을 제시하고 통과한 꿈은 / 하는 일을 재검토해 보고 병원에서 진찰 받을 일이 생긴다.

◇ 계약서를 작성해서 주고받는 꿈은 / 어떤 계약이 성립되어 일이 진행된다.

◇ 문서를 얻은 꿈은 / 어떤 권리나 사명이 자기에게 주어진다.

◇ 영장에 빨간 줄이 그어져 있는 것을 받아 본 꿈은 / 어떤 작품 당선 통지서가 아니면 남의 사망 소식을 듣게 된다.

◇ 상대방에게 각서나 시말서를 받은 꿈은 / 상대방에게 명령을 하거나 신변 조사할 일이 생긴다.

◇ 행정 관청에 부동산을 등기한 꿈은 / 큰 권리가 자기에게 주어지

고 그 일을 많은 사람들에게 공개할 일이 있다.

◻ **공공단체에서 어떤 통지서가 온 꿈은** / 어떤 통지서를 받거나 신문 · 잡지 등에서 정보를 입수하게 된다.

◻ **병원에서 진찰권을 받은 꿈은** / 어떤 사업을 착수할 일이 있거나 병원에 입원하거나 치료할 일이 생긴다.

◻ **신령적인 존재가 문서를 가져다 준 꿈은** / 이것이 태몽이라면 학문 연구를 하는 후계자를 얻게 된다.

2) 책

◻ **상대방이 읽는 책을 어깨너머로 본 꿈은** / 상대방의 마음을 살피거나 그 사람의 비밀을 알려고 한다.

◻ **책을 얻어서 읽어 본 꿈은** / 학문 연구에 관련된 직업을 얻거나 책을 구입하게 된다.

◻ **상대방에게 책을 빌려온 꿈은** / 남의 명령에 따라 행동하게 된다.

◻ **상대방으로 하여금 책에 씌어진 문구를 읽게 한 꿈은** / 상대방과의 의견이 일치되고 그의 뜻에 따르게 된다.

◻ **가까운 사람에게 공책을 빌려온 꿈은** / 친구간에 우정이 두터워지고 상대방과 약속을 하게 된다.

◻ **책을 얻거나 많은 책을 가진 꿈은** / 이것이 태몽이라면 학문 연구에 종사하는 후계자를 얻게 된다.

◻ **책을 찢거나 던져버린 꿈은** / 상대방에게 반항하거나 학대를 한다.

3) 문자

◇ 남의 성명이 새겨진 인장을 얻은 꿈은 / 협조자를 만나거나 권리를 확보하게 된다.

◇ 자기의 인장을 새로 만든 꿈은 / 새로운 신분이나 권리가 자기에게 주어진다.

◇ 상관에게 결재 도장을 받은 꿈은 / 남의 도움으로 소원이 충족되고 사업 성과를 얻게 된다.

◇ 계산서에 많은 사람의 도장이 찍혀있는 것을 본 꿈은 / 일을 추진하는데 많은 사람들의 도움을 받는다.

◇ 자기의 흰옷에 누가 붓글씨를 쓴 꿈은 / 자기의 신분이 새로와지거나 간판을 새로 바꾸게 된다.

◇ 자기의 명함을 남에게 건네준 꿈은 / 어떤 권리나 책임을 남에게 넘겨준다.

◇ 땅 속에서 대통령 도장을 캐낸 꿈은 / 사업을 추진해 나가거나 자기에게 권리가 주어진다.

◇ 자기가 남에게 도장을 찍어준 꿈은 / 일을 끝마치거나 남의 일을 대신해 주게 된다.

◇ 새로 만든 명함을 가진 꿈은 / 새로운 신분이나 권리가 주어진다.

◇ 공공단체에 자기 성명이 기재된 꿈은 / 어떤 회사에 취직을 하거나 전근가게 된다.

4) 숫자

◇ **다른 사람이 주판을 들고 방으로 들어온 꿈은** / 자기 사업에 협조하거나 금전 관계로 자기를 찾아오는 사람이 있다.

◇ **공중이나 머릿속에 어떤 숫자가 나타난 꿈은** / 그 숫자와 관계되는 일이나 사회적인 체험을 얻게 된다.

◇ **계산을 하는 꿈은** / 어떤 사업을 계획하고 있거나 사람의 심리를 파악하려고 한다.

제 21 장
광물·보석에 관한 꿈

1) 돌

◇ 상대방을 돌로 때린 꿈은 / 상대방에게 바른 말을 해서 깨우쳐 주거나 자기 주장을 강력히 내세운다.

◇ 암벽을 기어오르기가 무척 고통스러운 꿈은 / 어떤 일을 성사시키는데 많은 어려움이 뒤따른다.

◇ 돌덩이가 변해 큰 바위가 된 꿈은 / 작은 사업이 점차 확대되어 큰 사업으로 번창된다.

◇ 벽돌을 많이 생산하거나 집으로 들여온 꿈은 / 어떤 학문적인 자료를 얻거나 훌륭한 인재를 모으게 된다.

◇ 지팡이나 주먹으로 바위를 쳐서 물을 얻어 마실 수 있는 꿈은 / 좋은 아이디어로 세상 사람들을 감동시키고 많은 재물을 얻게 된다.

◇ 돌로 쳐서 짐승을 죽인 꿈은 / 여러 방면으로 권력을 행사하여 목적을 달성시킨다.

◇ 거리에 자갈을 깔아 놓은 꿈은 / 어떤 교리를 설파하거나 여러 사람에게 임에 대한 방법과 도리를 알려 준다.

▨ 큰 바위를 자갈로 만든 꿈은 / 어떤 일을 서로 분담하여 작업을 시작하게 된다.

▨ 상대방에게 돌로 얻어 맞은 꿈은 / 쌍방간에 서로 의견 대립이 있어 다투게 된다.

▨ 주먹으로 바위를 쳐서 산산조각을 낸 꿈은 / 어떤 단체에서 자기의 주장을 내세워 서로 화합할 수 있게 만든다.

▨ 돌로 울타리를 쌓은 꿈은 / 다른 사람의 협조를 얻어 신분이나 사업이 새로와진다.

▨ 돌탑을 바라본 꿈은 / 학문 연구에 깊이 몰두하거나 남에게 소청할 일이 생긴다.

▨ 돌옷에 꽃이 핀 꿈은 / 하고 있는 사업이 점차 활발하게 움직여 번창해 나간다.

▨ 반석위에 앉거나 서있는 꿈은 / 어떤 단체를 이끌어 나갈 지도자가 되거나 하는 일마다 순리대로 잘 풀려나간다.

▨ 돌를 던져 호수에 파문이 일게 한 꿈은 / 어떤 단체에서 자기의 사상을 강력히 주장하여 사람의 마음을 움직이게 한다.

▨ 바위가 터져 폭포가 흐른 꿈은 / 진리적인 교화를 크게 베풀거나 많은 재물을 얻게 된다.

▨ 로우프나 징을 사용해서 바위를 오른 꿈은 / 일을 시작하는데 협조자의 도움을 받아 소원을 달성하게 된다.

  2) 모래

▨ 모래무더기나 모래 언덕을 쌓아 올린 꿈은 / 학문 연구에 깊이 몰

두하거나 자기 발전을 위해서 많은 서적을 읽는다.

◻ 모래 사장에 자기의 발자국을 남긴 꿈은 / 어떤 기관에 자기의 경력이나 행적을 남기게 된다.

◻ 강변 모래밭에서 여러 가지 물건을 캐낸 꿈은 / 어떤 사업 기반에서 여러 방면으로 자원을 얻거나 권리가 주어진다.

◻ 모래산 중간이 허물어지고 폭포같은 물이 터져 흐른 꿈은 / 어떤 입학시험이나 고시시험에 합격하게 된다.

◻ 모래밭에 씨앗을 뿌린 꿈은 / 자기 분수에 맞지 않은 사업으로 시작하여 항상 마음이 불안하다.

◻ 사막 중간에서 길을 찾아 헤맨 꿈은 / 어떤 단체에서 자기의 실력을 제대로 발휘하지 못한다.

3) 흙

◻ 남이 파 놓은 함정에 빠진 꿈은 / 하는 일마다 제대로 풀리지 않고 몸에 병이 생기게 된다.

◻ 몸이나 옷에 흙이 묻은 꿈은 / 질병에 걸리거나 다른 사람 때문에 자신이 누명을 쓰게 된다.

◻ 흙으로 정원을 돋우는 꿈은 / 하는 일이 점차 기반을 튼튼히 잡아 날로 번창된다.

◻ 흙벽돌을 많이 만들거나 쌓아 놓은 꿈은 / 많은 지식을 얻거나 사업 자금이 생긴다.

◻ 진흙이나 수렁에 빠진 꿈은 / 하는 일마다 제대로 풀리지 않아 곤경에 빠지게 된다.

▨ 논밭의 **흙**이 검게 보인 꿈은 / 사업상 자기에게 유리한 조건을 확보하게 된다.

▨ 몸이 저절로 땅 속으로 빠져들어간 꿈은 / 토지를 많이 확보하거나 어떤 단체에서 세력권을 쥐게 된다.

▨ 자기 주변에서 **흙먼지**가 뿌옇게 일어난 꿈은 / 사회적으로 불안하고 유행병이 번진다.

▨ 누런 **흙탕물**이 흐르는 것을 본 꿈은 / 진리가 담긴 서적을 읽거나 특수 사업체와 관련을 맺는다.

▨ **흙**을 파서 금은보화나 고고학적 유물을 얻어 가진 꿈은 / 어떤 기관에서 연구나 사업 성과를 얻고 권리나 횡재가 생기게 된다.

▨ **흙**을 빚어 여러가지 형태를 만든 꿈은 / 어려운 고비를 극복하고 창작물이나 사업 성과를 얻게 된다.

▨ 붉은 **흙산**이 갑자기 생긴 것을 본 꿈은 / 사회적으로나 국가 방위상 불안한 일이 생긴다.

▨ **함정**을 파고 위장한 꿈은 / 어떤 단체에서 계교를 부려 사람을 구하거나 신분을 몰락시킨다.

▨ **흙**을 파서 집으로 가져온 꿈은 / 뜻밖의 사업자금이 여러곳에서 생기게 된다.

▨ **흙**을 파서 물건을 얻은 꿈은 / 단체에서 그 물건이 상징하는 어떤 이득이 생긴다.

▨ **배뇨 구덩이**를 판 꿈은 / 사업상 거래처를 확보하고 학자는 창작물의 기초를 마련하게 된다.

▨ 길에 파놓은 **함정**을 뛰어넘거나 차를 탄채 뛰어넘은 꿈은 / 어렵고 힘든 여건을 잘 극복해 나간다.

4) 광산 · 보석 · 광물질 · 기타

▨ 광석을 운반하거나 쌓는 것을 본 꿈은 / 여러 방면으로 많은 재물을 확보하게 된다.

▨ 금실이 수놓아진 치마를 선물받은 꿈은 / 미혼자는 마땅한 혼처자리가 나타난다.

▨ 미혼녀가 금반지를 남에게 받은 꿈은 / 미혼녀는 결혼이 성사된다.

▨ 벽에서 가스가 새어 나온 것을 본 꿈은 / 새로운 소식을 전해 듣거나 인쇄물을 보게 된다.

▨ 누가 자기의 보석을 탐내거나 본 꿈은 / 자기의 비밀이나 좋은 아이디어를 잃거나 유린당한다.

▨ 금두꺼비나 금송아지를 얻은 꿈은 / 이것이 태몽이라면 부귀 공명할 자손을 얻게 된다.

▨ 금속의 성질이 튼튼하여 오래 보존된 꿈은 / 하는 일이 견고하고 완벽하여 가치있는 것을 나타낸다.

▨ 보석이 변색하거나 빛을 잃은 꿈은 / 자기 주변이나 신변에 새로운 변화가 생긴다.

▨ 무수히 많은 반지를 얻은 꿈은 / 이것이 태몽이라면 여러 군데에서 자기의 능력을 충분히 발휘시키는 자손을 얻게 된다.

▨ 옷에 금줄이 달리거나 금장식한 옷을 입은 꿈은 / 고위층 사람과 인연을 맺어 자기의 신분이 높아진다.

▨ 권력자가 보석을 잃은 꿈은 / 자기의 명예나 신분이 하루 아침에 몰락하게 된다.

▨ 가스가 폭발한 꿈은 / 어떤 선전 광고나 상품이 대단한 인기를 끌

게 된다.

◇ **구리반지가 보석반지로 변한 꿈은** / 미천한 것에서 출발하여 점차적으로 발전을 거듭하게 된다.

◇ **비어있는 반지갑을 받은 꿈은** / 어떤 사람의 감언이설에 속아 넘어가게 된다.

◇ **광산을 찾아가거나 광맥을 탐색한 꿈은** / 어떤 기관에 갈 일이 생기고 일의 성과를 얻기 위해 많은 연구를 한다.

◇ **산에서 물이 아닌 기름이 냇물이 되어 흐르는 것을 본 꿈은** / 자기의 작품을 발표하거나 종교적인 전도를 하게 된다.

◇ **보물단지나 보물 상자를 얻거나 본 꿈은** / 학자는 많은 연구를 하여 희귀한 학설을 정립하게 된다.

◇ **광산에 화차가 머리를 외부로 향해 놓여 있는 것을 본 꿈은** / 재산이 늘어나거나 새로운 계획을 추진하게 된다.

제22장
신령과 영적인 존재에 관한 꿈

1) 부처·예수·성모 마리아·하느님·기타

◇ 불상에게 염불을 외우거나 절한 꿈은 / 권위있는 사람에게 청원할 일이 있거나 자기의 소원이 성취된다.

◇ 신령적인 존재가 준 음식을 받아 먹은 꿈은 / 존경하는 사람이 자기에게 일을 맡겨 그 일에 종사하게 된다.

◇ 성모마리아상 앞에서 기도한 꿈은 / 다른 사람의 도움으로 자기가 소원한 일이 성취된다.

◇ 금불상을 얻은 꿈은 / 감동적인 서적을 읽거나 사회에 기여할 수 있는 일에 종사한다.

◇ 우상이나 신에게 제물을 바친 꿈은 / 어떤 권력자에게 자기가 청원한 일을 성취시켜 달라고 부탁한다.

◇ 궁지에 몰렸을 때 하느님을 찾는 꿈은 / 자기의 양심을 남에게 호소하거나 협조자에게 도움을 청하게 된다.

◇ 오색 찬란한 의상을 걸치고 예수가 나타난 것을 우러러 본 꿈은 / 진리가 담긴 서적을 출판하거나 사회적으로 위대한 기도가가 나타난다.

◻ 신선과 바둑이나 장기를 둔 꿈은 / 사업관계로 여러 사람과 시비가 생기게 된다.

◻ 선녀가 춤을 추고 있는 것을 본 꿈은 / 자기가 하고있는 일이 여러 사람의 이목거리가 된다.

◻ 천사가 자신을 하느님 곁으로 데리고 간 꿈은 / 어떤 기관에 고급 관리로 취직하게 된다.

◻ 교회당에 예수가 나타난 것을 본 꿈은 / 훌륭한 성직자나 어떤 단체의 우두머리를 만나게 된다.

◻ 성모마리아상이 자신에게 빛을 비추거나 후광을 나타낸 꿈은 / 자신이 신앙을 깨달음을 느끼고 어떤 위대한 사람의 업적을 보게 된다.

◻ 천당에 가서 보좌에 앉은 하느님을 본 꿈은 / 사회적으로 권위있는 사람을 만나게 되고 진리의 서적을 읽게 된다.

◻ 걸어가는 예수의 뒷모습을 본 꿈은 / 어떤 지도자가 자기의 청원을 잘 받아 드린다.

◻ 천사가 나팔을 부는 것을 본 꿈은 / 교회 성가대가 음악을 연주하는 것을 보게 된다.

◻ 천당에 보내달라고 하느님께 빈 꿈은 / 자신의 지위가 높아지거나 미혼자는 결혼에 관계되는 일을 하게 된다.

◻ 불상 좌우에 늘어선 많은 여래상을 본 꿈은 / 어떤 단체의 리이더를 중심으로 서로 협력해 나간다.

◻ 교인이 하느님께 기도한 꿈은 / 진리를 깨닫게 되고 자기 양심을 호소해서 반성할 일이 생긴다.

◻ 신이 갑자기 선악과라고 알려준 과일을 따먹는 꿈은 / 어떤 일의 바른 일과 간사한 일을 구분하거나 책을 읽고 선악을 분별하게 된다.

◻ 산신령이 위험을 경고한 꿈은 / 자기 아닌 또 하나의 자아를 발견

하게 된다.

◇ 선녀와 결혼한 꿈은 / 서류상 계약이 맺어지고 좋은 사람을 만나게 된다.

◇ 좌선하고 있는 석가모니를 본 꿈은 / 학자가 학문 연구에 몰두하게 된다.

◇ 우렁찬 하느님의 말이 공중에서 들린 꿈은 / 사회적으로 풍기문란, 부정부패를 고발하게 된다.

◇ 관음보살상을 얻은 꿈은 / 훌륭한 작품을 얻거나 자기에게 도움을 줄 사람을 만나게 된다.

◇ 선녀가 아이를 가져다 준 꿈은 / 이것이 태몽이라면 일국의 으뜸가는 학자가 되어 학문적 업적을 남길 자손을 얻게 된다.

◇ 교인이 아닌 사람이 천사가 나팔 부는 것을 본 꿈은 / 관직에 오르거나 시국의 변화를 나타낸다.

◇ 천당을 구경한 꿈은 / 아름답고 성스러운 곳을 구경하게 된다.

◇ 동상이 자신에게 절을 하거나 걸어간 꿈은 / 역사적인 일을 재연하거나 역사적 기록물을 읽거나 연구하게 된다.

◇ 예수가 어느 산에서 자신에게 영세물을 입에 넣어준 꿈은 / 학교에 입학하거나 공공단체에 가입하게 된다.

◇ 고령자나 중병환자가 천사를 따라간 꿈은 / 자신의 죽음이 임박해 있는 것을 나타낸다.

◇ 신이 약을 줘서 받아 먹은 꿈은 / 어떤 약을 먹게 되거나 존경하는 사람으로부터 부탁을 받게 된다.

2) 귀신 · 도깨비 · 유령 · 조상 · 기타

◇ 붉은색 망또를 입은 유령이 춤추는 것을 본 꿈은 / 불량배에게 매를 맞거나 코피를 흘리는 것으로 액땜을 하게 된다.

◇ 문 밖에서 아내가 마주보고 있는 꿈은 / 어떤 일을 시작하는데 집안의 반대로 뜻대로 일이 성사되지 않는다.

◇ 생전에 자기에게 잘해준 누님이 보인 꿈은 / 어떤 도움을 받을 수 있는 협조자를 만나게 된다.

◇ 방망이로 귀신을 잡아 흔적도 없이 해치운 꿈은 / 정신적으로 시달림을 받던 일이 깨끗이 해결된다.

◇ 죽은 딸이 나타난 꿈은 / 어떤 일을 애착심을 가지고 성사시키려고 한다.

◇ 머리를 푼 채 공중을 날아와 머리채를 휘어잡는 유령의 꿈은 / 정신적인 압박을 받거나 두통에 시달리게 된다.

◇ 억울하게 죽었던 자가 나타난 꿈은 / 자기를 괴롭히는 심적 고통거리나 병마에 시달리게 된다.

◇ 조상이 나타나서 예언이나 명령한 꿈은 / 누구의 간섭을 받지 않고 자기 주장대로 일을 처리한다.

제 23 장
강·호수·바다·물에 관한 꿈

1) 강·호수·바다·폭포

◇ 물길이 두 갈래로 갈라진 꿈은 / 신앙이나 사업의 방향을 잃어버리거나 두 방향으로 나누어 진다.

◇ 탐스런 꽃 한송이를 흐르는 강가에서 꺾은 꿈은 / 지혜가 담긴 서적을 읽거나 큰 학술 서적을 저술하게 된다.

◇ 자신이 물 속을 헤엄쳐 다닌 꿈은 / 학문을 연구하거나 제3자의 비밀을 알고 싶어한다.

◇ 사막에서 오아시스를 만난 꿈은 / 어려운 난관에 처해있는 일이 고통에서 벗어난다.

◇ 파도가 부딪히는 바위에 선 꿈은 / 여러 사람과 시비거리가 생겨 말다툼하게 된다.

◇ 넓은 바다에서 수영을 한 꿈은 / 매사에 하는 일이 잘 추진된다.

◇ 마른 개천에 물고기가 우글거린 꿈은 / 자기에게 유리한 조건으로 돈을 취득하거나 운영난에 빠지게 된다.

◇ 흐르는 물이 갑자기 폭포로 변해 소리가 요란한 꿈은 / 어떤 작품

발표로 인해 세상 사람들의 입에 오르내린다.

◇ 폭포가 장막처럼 쏟아진 꿈은 / 어떤 초청 강의나 인터뷰 한 내용이 매스컴을 통해 전달된다.

◇ 바다 한 가운데 무덤이 있는 꿈은 / 어떤 회사가 해외에 영향을 주는 일을 관계하거나 세일즈맨이 많이 종사한다.

◇ 호수가 보라색으로 변한 꿈은 / 어떤 기관에서 자기에게 여러 방면으로 도움을 많이 준다.

◇ 거북이가 바다에서 하천으로 오른 꿈은 / 국영기업 일이 개인 소유로 전환되어 크게 성공한다.

◇ 냇물에서 손발을 씻은 꿈은 / 어떤 단체에서 자기가 소원한 일이 성취된다.

◇ 동물이 호수로 들어간 꿈은 / 어떤 기관에 입사하거나 작품 발표을 하게 된다.

◇ 강물에서 몸을 씻는데 오히려 몸이 더러워진 꿈은 / 성실하게 일을 하지만 성과를 얻지 못하고 구속당한 곳에서 헤어나지 못한다.

◇ 계곡에 흐르는 물 중앙에 서 있는 사람을 본 꿈은 / 자기의 작품이나 논문을 어떤 회사에서 인정을 해 준다.

◇ 강물이 거꾸로 흐르는 꿈은 / 자기의 주장을 여러곳에서 반발을 하고 나선다.

◇ 용의 상하체가 각각 다른 곳에 떨어져 있는 꿈은 / 국내 사업이 국제적으로 인정을 받게 된다.

◇ 호수나 강물이 얼어있는 꿈은 / 여러 방면으로 사업자금이 동결되거나 정체된다.

◇ 강물이 맑은 꿈은 / 자신이 하고 있는 일에 만족을 느낀다.

◇ 물통을 던지니 물은 없고 그릇만 뎅그렁 굴러 나온 꿈은 / 동업을 하는 사람을 믿고 일을 추진했으나 사기를 당하고 실속없는 일은 포기해 버린다.

◇ 동물이 물 속으로 자취를 감춘 꿈은 / 어떤 일을 끝마치거나 사람이 갑자기 사라진 것을 뜻한다.

◇ 진달래꽃이 만발한 산 밑에 물살이 세게 흐르는 꿈은 / 어떤 잡지사에 자기의 작품을 출품할 일이 생긴다.

◇ 바다에 있는 깊은 산 속으로 들어간 꿈은 / 죽음을 암시하거나 외국으로 나갈 일이 있게 된다.

◇ 맑은 물이 개간지 중앙을 흐르는 것을 본 꿈은 / 어떤 계몽사업이나 교화 사업이 뜻대로 잘 추진해 나간다.

2) 홍수 · 해일

◇ 바닷물이 육지에 들었다 빠진 흔적을 본 꿈은 / 어떤 일을 추진해 나가다가 중간에 포기한다.

◇ 홍수나 바닷물이 집안으로 밀려 들어온 꿈은 / 많은 재물이 생겨 부자가 된다.

◇ 해일이 일어 산야를 뒤덮은 꿈은 / 거대한 사업으로 크게 부귀로와진다.

◇ 바닷물이 점점 밀려나가는 것을 본 꿈은 / 어떤 강력한 세력이나 기존 사상에서 점차적으로 벗어난다.

◇ 바닷물이 멍석을 말듯 먼곳으로 밀려나고 광활한 해저가 드러난 꿈은 / 봉건 사상이나 기존 학설 등을 물리치게 된다.

◇ 물이 없는 샛바닥에 물고기가 있는 꿈은 / 여러 방면으로 사업을

추진해 나가 많은 이득을 얻게 된다.

☒ **해일을 본 꿈은** / 이것이 태몽이라면 권세를 행사하거나 문학 등으로 혁신적인 일에 종사할 자손을 얻는다.

3) 우물·샘·수도물·기타

☒ **집에 갑자기 우물이 생긴 꿈은** / 어떤 회사에 취직되거나 미혼자는 혼담이 오고간다.

☒ **약수물을 마신 꿈은** / 근심 걱정이 해소되고 새로운 진리를 깨닫게 된다.

☒ **우물물이 가득 불어나서 넘쳐흐른 꿈은** / 많은 재산을 모으지만 그만큼 소비도 많게 된다.

☒ **밑빠진 독에 자꾸 물을 붓는 꿈은** / 아무리 벌어도 재물이 모아지지 않고 소비되어 버린다.

☒ **뜨거운 물을 마신 꿈은** / 여러 방면으로 자기가 소원한 일이 성사된다.

☒ **어떤 남자와 우물에서 두레박질을 번갈아 가며 한 처녀의 꿈은** / 미혼자는 여러번 혼담이 오고간 후에 결혼이 성사된다.

☒ **물을 시원하게 마시지 못한 꿈은** / 어떤 일이 성사는 되지만 만족스럽지가 않다.

☒ **우물을 발견하거나 찾아 헤맨 꿈은** / 어떤 기관에 사업 관계로 일을 부탁한 것이 뜻대로 이루어진다.

☒ **우물물을 퍼서 손발을 씻은 꿈은** / 근심 걱정이 해소되고 미혼자는 결혼이 성사된다.

◇ **자신이 세탁한 옷을 물 그릇에 담가둔 것을 본 꿈은**/ 자기의 직업이 바뀌고 하는 일마다 남의 이목을 받게 된다.

◇ **물이 방안에 가득 고인 꿈은**/ 좋은 아이디어를 개발하여 사업이 번창해진다.

◇ **우물안에서 산이 보인 꿈은**/ 뜻밖에 큰 사업체가 생기거나 배우자가 나타난다.

◇ **집안에 있는 물통에 물이 가득차 있는 것을 본 꿈은**/ 많은 재물이 여러곳에서 생긴다.

◇ **우물물이 흐려서 처음엔 못마셨다가 나중에 맑아져서 떠 마신 꿈은**/ 하고 싶은 일이 어려운 난관에 부딪혔다가 성사된다.

◇ **그릇에 담긴 물이 엎질러진 꿈은**/ 재물의 손실이 따르고 자기가 소원했던 꿈이 좌절된다.

◇ **몸을 뜨거운 물에 씻는 꿈은**/ 여러 사람의 도움으로 무난히 시험에 합격한다.

◇ **우물에 사람을 넣고 묻어버린 꿈은**/ 자기의 사생활을 지키며 은행에 장기저축을 하게 된다.

◇ **샘물이 들판에서 솟는 것을 본 꿈은**/ 잡지사에 작품을 연재하거나 사업 자금이 생긴다.

◇ **물이 여러군데에서 펑펑 쏟아져 고여 있는 꿈은**/ 여러 방면으로 재물을 모아 부자가 된다.

◇ **그릇에 담긴 물이 새는데가 없나 살펴본 꿈은**/ 사업체를 운영해 나가면서 경비를 절약해서 쓴다.

◇ **수도물이 나오지 않는 꿈은**/ 사업체나 가정이 경제적으로 어려움을 겪는다.

◇ **우물에 들어간 꿈은**/ 어떤 기관에 취직을 하거나 볼일이 있어 들

어가게 된다.

◇ 뒤집힌 우물물이 흙탕물로 변한 꿈은 / 가정에 우환이 있고 사업체에서 부정한 일을 하게 된다.

◇ 수도물이 많이 쏟아지지만 받을 그릇이 없는 꿈은 / 사업상 빚만 잔뜩 지고 소비할 일만 생긴다.

◇ 출처가 분명하지 않은 곳에서 여러 번 물을 떠다 우물에 붓는 꿈은 / 세일즈맨이 돈을 수금할 일이 생긴다.

◇ 샘물이 산 아래에서 솟아난 꿈은 / 어떤 기관에서 여러 방면으로 재물을 얻게 된다.

◇ 동물이 깊은 우물에서 나온 꿈은 / 이것이 태몽이라면 정부기관이나 사회적으로 대성할 자손을 얻게 된다.

◇ 여러 개의 우물을 지나간 꿈은 / 여러 가지 사업 경험을 가지고 거래처를 확보하게 된다.

◇ 공중에 기둥같은 호수가 생겨 동네가 물바다를 이룬 꿈은 / 잡지에 어떤 작품이 실려 세상 사람에게 감명을 주게 된다.

◇ 빨래를 맑은 물에서 한 꿈은 / 하고 있는 일이 뜻대로 순조롭게 이루어진다.

◇ 방안에 물이 가득 고여 그 안에서 목욕하거나 헤엄친 꿈은 / 생활이 윤택해지고 자본이 많은 회사를 통해 자기의 소원을 충족시킨다.

◇ 샘물이 땅에서 솟아나와 그것이 흘러 냇물이 된 꿈은 / 어떤 서적이 출판되어 베스트 셀러가 된다.

◇ 수도꼭지를 틀어도 물이 나오지 않는 꿈은 / 어떤 사업을 추진해 나가는데 뜻대로 이루어지지 않는다.

◇ 샘물에 관한 꿈은 / 이것이 태몽이라면 사업가나 문학가가 될 자

손을 얻게 된다.

◇ 물고기가 뜨거운 물이 끓는 우물에 우글거리는 것을 본 꿈은 / 열성적인 사람들이 교회에서 참된 신앙에 몰두하게 된다.

◇ 사람이 우물 안에서 나온 것을 본 꿈은 / 어떤 단체에서 훌륭한 인재를 배출하거나 진리가 담긴 서적을 출판한다.

◇ 불어난 우물물이 가득찬 꿈은 / 여러 방면으로 사업이 잘 풀려 재물이 생긴다.

◇ 일부러 우물에 들어가 빠지거나 나오지 못한 꿈은 / 자기 꾀에 자기가 넘어가거나 어떤 곳에 구속받게 된다.

제24장
주택이나 그 외의 건물에 관한 꿈

1) 관공서 · 회사의 건물

◇ 종탑이 높은 교회에서 울리는 종소리를 들은 꿈은 / 자기의 진심을 널리 알리거나 기쁜 소식을 남에게 전할 일이 있다.

◇ 군대가 주둔한 막사나 사령부를 본 꿈은 / 관공서나 기타 단체기관과 접촉할 일이 생기게 된다.

◇ 벌레집을 발견하고 거기에 몹시 집착했던 꿈은 / 단독적인 물건을 생산할 일이 생기거나 혼담이 성립되게 된다.

◇ 살롱이나 다방에 들어갔던 꿈은 / 개인내지는 단체와 결속할 일이 생기거나 누군가와 친교할 일이 생긴다.

◇ 과일을 파는 가게와 관계를 한 꿈은 / 금융기관에 출입하거나 그런 곳에 근무하고 있는 사람과 상담할 일이 생긴다.

◇ 호텔이나 여관 등 숙박업소와 관계한 꿈은 / 어떤 회사에 임시직으로 취직이 되거나 한없이 기다려야 할 일 등이 생기게 된다.

◇ 용이 승천한 자리에 작고 아담한 교회가 생긴 꿈은 / 목적했던 것을 달성하게 되고 후세에 남을 업적을 이룩하게 된다.

◇ 보석류를 취급하는 금은방과 관계한 꿈은 / 심사기관, 연구기관 등에 출입할 일이 생기거나 그 일에 직접 참여하게 된다.

◇ 식물원을 구경했던 꿈은 / 멀리 관광을 하게 되거나 등산, 산책 등을 할 일이 생긴다.

◇ 흔히 말하는 일반회사와 관계한 꿈은 / 어떤 사업장이나 교육기관으로부터 표창을 받게 되거나 공로를 치하받게 된다.

◇ 옷감이나 종이류를 구입한 꿈은 / 부동산의 서류를 꾸미게 되거나 소개업자를 통해 무슨 일인가를 소개받게 된다.

◇ 곡물가게와 거래한 꿈은 / 직접적으로 돈과 관계가 있는 일에 참여하게 된다.

◇ 은행 등 금융기관과 접촉했던 꿈은 / 출판사 등 문화사업장으로부터 원고청탁 등을 부탁받게 된다.

◇ 유흥업소와 관계했던 꿈은 / 많은 사람에게 알릴 목적으로 자신과 관계된 광고를 할 일이 생긴다.

◇ 군부대의 연병장이나 학교의 운동장 등 넓은 곳에서 뛰놀았던 꿈은 / 신문이나 잡지 등 언론 매체를 통해 자신에 대한 기사가 나가게 된다.

◇ 조그맣던 십자가가 점차 커지더니 대지를 덮어버린 꿈은 / 지금까지는 없었던 진리나 법규 등이 생겨나 자신에게 큰 타격을 주게 된다.

◇ 어느 가게에 셀 수 없을 정도로 많은 양복이 걸려 있는 것을 본 꿈은 / 취직을 하게 되거나 승진 등 축하할만한 일이 생기게 된다.

◇ 근엄한 마음으로 사단이나 종무 등을 거닐었던 꿈은 / 정부에서 인정해 주는 단체에서 큰 업적을 이룩하게 된다.

◇ 시장을 걸으며 여기저기 기웃거렸던 꿈은 / 결혼 상대자나 취직처

를 놓고 선택과정에서 마음을 쓰게 된다.

2) 건물과 관계된 행동

◇ **방이 넓거나 길다고 생각됐던 꿈은** / 자기의 사업장을 큰 곳으로 옮기게 되거나 세력이 점점 막강해진다.

◇ **툇마루에 올라갔던 꿈은** / 국외와 관계된 일 즉, 수출 등과 관계를 맺게 된다.

◇ **어떤 건물의 4층에서 무슨 일인가를 했던 꿈은** / 4년 정도의 선배 와 동업 등을 하게 되며 그로 인해 이득을 취하게 된다.

◇ **허허벌판에서 배설을 한 꿈은** / 자신의 모든 걸 직접 공개하게 되 거나 타의에 의해 공개되게 된다.

◇ **일곱 계단을 내려온 꿈은** / 7년 동안 사업이 부진하거나 불행을 겪게 된다.

◇ **차로 들이받아 담을 무너뜨린 꿈은** / 능력 있는 사람이 나타나서 자신의 사업 진로를 제공해 준다.

◇ **그릇에 물을 떠다놓고 방에서 세수를 한 꿈은** / 밀폐된 장소로 안 내되어 어떤 지시를 받거나 훈계를 듣게 된다.

◇ **암벽에 글씨가 새겨져 있는 것을 본 꿈은** / 누군가가 자기의 이름 을 참고해서 책의 제목을 짓거나 승진을 하게 된다.

◇ **하천이나 시내 등 야외의 자연수에서 목욕을 한 꿈은** / 사회단체 나 법인회사 등에서 자기의 욕구를 충족시켜 준다.

◇ **무너진 담 사이로 밖이 훤히 내다보인 꿈은** / 운세가 트여서 사업 등 모든 일이 활발하게 진행되게 된다.

◇ 까마득하게 보일 정도로 높은 돌계단을 오른 꿈은 / 자기가 쌓았던 업적이 발표되거나 그로 인한 표창장 등을 받게 된다.

◇ 물을 몸에 끼얹은 꿈은 / 횡재할 일이 생기거나 작품의 입선 등으로 자신이 돋보이게 된다.

◇ 사다리를 타고 올라갔는데 내려올 수 없었던 꿈은 / 직장을 옮기려던 계획이 수포로 돌아가거나 진행 중이던 일이 중단되게 된다.

◇ 자신이 지하실로 들어갔던 꿈은 / 암거래를 하게 되거나 비밀단체 등에 가입 유혹을 받게 된다.

◇ 상좌인 아랫목에 손님을 모셨던 꿈은 / 평소 존경하던 사람이나 보호해줘야 할 사람을 만나게 된다.

◇ 학생이 담 위에 올랐던 꿈은 / 시험에 응시했으면 합격 통지서를 받게 되고 일반인에겐 좋은 소식이 답지하게 된다.

◇ 벽면에 그림을 그리거나 글씨를 써두었던 꿈은 / 자기의 작품이 공개되거나 업적, 명성 등이 문서로 기록되어 영원히 남게 될 것이다.

◇ 크고 호화로운 저택의 마루에 올라선 꿈은 / 취직을 하거나 진급이 되고 남들이 자신을 고귀한 인품의 소유자로 평가해 준다.

◇ 부엌에서 서성거리던 꿈은 / 사업을 시작하게 되거나 출세의 기반을 다질 일이 생긴다.

◇ 오랫동안 용변을 참다가 시원하게 배설한 꿈은 / 불만스러운 여러 사업장을 거치다가 소원을 충족시킬 수 있는 곳에서 정착하게 된다.

◇ 마루에서 서성댔던 꿈은 / 중개소나 소개업에 관계된 사람을 만나 긴히 상의할 일이 생기게 된다.

◇ 동일한 목욕탕에 여러번 들어갔던 꿈은 / 한 기관에서 자신의 청탁을 목욕탕에 들어간 횟수만큼 들어주게 된다.

◇ 담벼락을 끼고 순찰을 돌았던 꿈은 / 외근 부서로 발령을 받게 되

거나 파견근무 명령을 받게 된다.

◇ **벽에 갖가지 물건을 걸어둔 꿈은** / 어떤 단체나 언론기관 등을 통해서 자신의 명예를 과시하게 된다.

◇ **천천히 계단을 내려온 꿈은** / 진행 중이던 일이 역행하거나 위법적인 일을 저지르게 된다.

◇ **담을 뚫고 도둑이 든 꿈은** / 자신의 일을 열심히 도와줄 동업자나 배우자를 만나 결속하게 된다.

◇ **수도꼭지에서 떨어지는 물방울로 샤워를 한 꿈은** / 어디를 가서 어떤 일을 하든 물질적인 이득을 보게 된다.

◇ **목욕탕에 들어가서 목욕을 한 꿈은** / 불만이 해소되고 바라던 바를 이룩하게 된다.

◇ **자신이 변소로 숨은 꿈은** / 크고 작고를 불문하고 어떤 부정을 저지르게 된다.

◇ **갓 태어난 아기를 목욕시킨 꿈은** / 자기보다 능력이 한수 위인 사람이 나타나 자신의 일이나 작품 등의 미비점을 보완해 준다.

◇ **한쌍의 남녀가 한 변소에 동시에 들어가는 것을 본 꿈은** / 자기가 일한 댓가를 가로채려는 사람이 나타나게 된다.

3) 주택

◇ **집이 저절로 무너져내린 꿈은** / 자기가 노력하지 않아도 사회의 흐름에 의해서 이익될 일이 생긴다.

◇ **삼촌 집으로 방문을 했던 꿈은** / 자기에게 많은 협조를 해줄 사람을 찾아가거나 사업장을 방문하게 된다.

▨ 증축을 목적으로 집을 고친 꿈은 / 많은 사람들을 사귀게 되거나 사업을 확장하게 된다.

▨ 텅빈 집에 혼자 누워 있었던 꿈은 / 계약할 일이나 혼담 등이 쉽게 이루어지지 않고 자꾸만 연기가 되게 된다.

▨ 빌딩을 신축하고 있는 것을 본 꿈은 / 어떤 단체를 만들거나 사업체를 조직하게 된다.

▨ 벽에 페인트를 칠하는 등 치장을 한 꿈은 / 사업상의 내면을 공개하거나 광고를 할 일이 생긴다.

▨ 새로 지은 집으로 이사를 한 꿈은 / 직장을 옮기거나 실제로 이사를 하는 등의 새로운 일거리가 생기게 된다.

▨ 외로이 떨어져 있는 초가집을 본 꿈은 / 관청에 들어갈 일이 생기거나 취업을 하게 된다.

▨ 친구집을 방문했던 꿈은 / 친분관계가 있는 사람의 회사를 찾아가서 부탁할 일이 생긴다.

▨ 이사할 집이 완파된 것을 본 꿈은 / 평생 동안 만날 행운 중에서 제일 큰 행운을 잡게 된다.

▨ 집밖으로 나갔던 꿈은 / 사업을 시작하게 되거나 계획했던 일을 착수하게 된다.

▨ 움막집에 들어갔던 꿈은 / 여자와 관계된 음모에 빠지게 되고 중병에 걸릴 위험이 도사리고 있다.

▨ 가구 등의 물건을 집안으로 들여온 꿈은 / 큰 이득을 보게 되거나 돈과 관계된 사건을 떠맡게 된다.

▨ 집을 짓고 있는 공사현장을 본 꿈은 / 남의 일에 지나친 관심을 갖게 되거나 어떤 일을 감독, 책임지게 된다.

▨ 많은 사람들이 집으로 몰려왔던 꿈은 / 자신과 관계된 일에 참견

할 사람이 많아지게 된다.

◇ 이사할 준비를 했던 꿈은 / 직장을 옮길 마음이 생겨 곳곳에 부탁을 하게 된다.

◇ 주택을 수리하는 것을 본 꿈은 / 하고 있는 사업이 완벽하게 자리가 잡히고 더욱 투자할 일이 생긴다.

◇ 무당집에 가서 푸닥거리를 한 꿈은 / 자기와 관련된 기사가 신문이나 잡지 등에 실리게 된다.

◇ 술집에서 술을 마시고 집에 와서 배뇨를 한 꿈은 / 어떤 기관의 일거리를 맡아 다른 기관의 도움을 받아 일을 성사시킨다.

◇ 굿을 하면서 춤을 추고 노래를 부르는 꿈은 / 무당집이나 철학관 등을 찾아가 운명을 점치게 된다.

◇ 집터를 일군 꿈은 / 사업과 관련된 능력자를 영입할 일이 생기고 직접적으로 그 영향이 나타나게 된다.

◇ 두 채의 집을 놓고 어느 집으로 이사를 할까 하고 망설였던 꿈은 / 사업을 시작하는데 크게 할 것인가, 작게 할 것인가에 대해 갈등을 느끼게 된다.

◇ 새로운 집에 들어간 꿈은 / 혼담이 성립되거나 취직, 또는 새로운 사업을 하게 된다.

◇ 이사한 집으로 이삿짐을 들여놓은 꿈은 / 부탁했던 일들이 이루어지고 사업이 호기를 띠게 된다.

◇ 사람들이 건물 안으로 들어갔는데 건물이 무너진 꿈은 / 막강하게 형성되어 오던 세력이 무너지고 새로운 세력이 주도권을 잡게 된다.

◇ 친정에 있던 여자가 시집으로 간 꿈은 / 관공서에 갈 일이 생기거나 멀리 출장을 갈 일이 생긴다.

◇ 집이 아무 이유도 없이 반파된 꿈은 / 질병에 걸리게 되거나 지위

가 땅에 떨어지게 된다.

◎ 외출에서 돌아와 집으로 들어갔던 꿈은 / 사업체를 해체하게 되거나 직장에서 퇴직을 하게 된다.

◎ 이사짐을 밖으로 내놓거나 차에 싣는 것을 구경한 꿈은 / 사업계획을 바꾸게 되거나 주변 환경을 새롭게 정리하게 된다.

◎ 남이 자기 집을 마구 허물어내린 꿈은 / 타의에 의해서 자신의 진로를 바꾸게 되거나 스스로 자포자기 할 일이 생기게 된다.

◎ 고층건물에 볼일이 있어 출입했던 꿈은 / 보통이 넘는 거대한 일을 하게 되거나 사람들이 기억할 지위에 오르게 된다.

◎ 남의 집을 방문했던 꿈은 / 많은 사람들이 자신을 찾아오거나 갖가지의 부탁을 받게 된다.

◎ 이사짐 꾸리는 것을 본 꿈은 / 오래도록 해결되지 않던 일이나 계약, 혼사 등이 쉽게 이루어진다.

◎ 남의 집 담장 안을 들여다본 꿈은 / 조용한 장소를 찾아 그곳에서 오랜동안 학문의 탐구, 기술 등의 연구 때문에 머물게 된다.

◎ 갖가지의 건축자재를 산더미처럼 쌓아두었던 꿈은 / 쪼들렸던 사업자금이 풀리게 되거나 귀중한 연구자료를 얻게 된다.

◎ 주택을 구입한 꿈은 / 사업의 기반을 탄탄히 다질 일이 생기고 배우자가 될 사람을 만나게 된다.

◎ 친정을 향해 가던 도중 발길을 돌려 시집으로 간 꿈은 / 의욕을 갖고 진행하던 일을 포기하게 되거나 헤어졌던 사람을 다시 만나 결합하게 된다.

◎ 이사한 집의 방을 일일히 실펴본 꿈은 / 새 식구가 된 사람, 즉 시집을 온 여자의 뒷뒷이를 살피거나 생김새 등에 많은 궁금증을 갖고 대하게 된다.

◇ 왔던 손님이 돌아간 꿈은 / 꿈 속의 사람과 인연이 끊길 사건이
생기거나 반대로 원수지간이던 관계가 원활하게 풀리게 된다.

◇ 지붕을 수리하거나 기와를 잇는 것을 본 꿈은 / 하던 일이 완성되
거나 확실하던 거래처가 거래를 옮기게 된다.

◇ 이삿짐이 산더미처럼 많았던 꿈은 / 사업자금을 대줄 사람이 나타
나게 되고 그만큼 근심걱정이 많아지게 된다.

◇ 환자가 새로 지은 집에 들어가서 문을 걸어잠그고 나오지 않았던
꿈은 / 병이 최대로 악화되거나 가까운 시일 안에 사망하게 된다.

◇ 자기 집을 허물어내렸던 꿈은 / 계획을 변경하거나, 크게는 국가
적 변동사항이 있어 담화문 등을 발표하게 된다.

◇ 아파트 단지의 건물 사이로 지나간 꿈은 / 무슨 일을 하든 여러
기관 등에서 사사건건 간섭하는 일이 많다.

◇ 많은 사람들이 자기 집과 그 주위에서 웅성댄 꿈은 / 일가친척 중
의 누군가가 사망하거나, 사람들이 많이 모일 불상사를 당하게 된다.

◇ 연립주택이나 아파트 등 현대식 건물과 관계한 꿈은 / 문화사업을
시작하게 되거나 그와 관련한 작품을 발표하게 된다.

◇ 전통적 한옥이나 초가집과 관계한 꿈은 / 시골길을 걷게 되거나
고고학적인 일과 관계하게 된다.

◇ 변소에 들어갔던 꿈은 / 자신의 목적을 이룰 수 있는 장소를 찾게
된다.

◇ 음식점 옆에 붙어 있는 변소에서 용변을 본 꿈은 / 누군가를 접대
하는 과정에서 창녀와 성관계를 하게 된다.

◇ 한쌍의 남녀가 변소로 들어간 것을 본 꿈은 / 간통소식을 듣게 되
거나 자신의 이익을 가로채려는 사람이 나타난다.

◇ 철조망을 끊고 내부로 침입한 꿈은 / 상상조차 할 수 없을 정도의

능력을 발휘하여 정부기관을 술렁이게 하고 어려웠던 일을 쉽게 해 결시켜 준다.

◇ 동물이 천정을 뚫고 들어온 걸 본 꿈은 / 단명하거나 일찍 양친부 모를 잃게 된다.

◇ 총천연색의 기와로 지붕이 장식돼 있는 꿈은 / 사업장에서 유별난 일이 일어나게 된다.

◇ 대문을 나선 처녀가 공동묘지나 산으로 걸어간 꿈은 / 진행 중이 던 혼담이 성립되거나 취직을 하게 된다.

◇ 담 위에서 고양이가 내려다본 꿈은 / 자기의 일에 간섭할 사람이 나타나거나 누군가에 의해 감시를 받게 된다.

◇ 문구멍을 통해서 안을 엿본 꿈은 / 정보수집을 하게 되거나 누군 가에게 린치를 가하게 된다.

◇ 누군가가 자신의 방을 들여다본 꿈은 / 누가 자기의 모든 것을 알 려 하거나 싸움을 걸어오게 된다.

◇ 천정에 붙은 불이 거세게 번진 꿈은 / 누구에겐가 은밀하게 청탁 할 일이 남의 입에 오르내리게 되고 그로 인하여 타격을 입게 된다.

◇ 문턱에 있던 구렁이가 갑자기 없어진 꿈은 / 진행 중인 혼담이 성 사되나 불화로 인하여 이별을 하게 된다.

◇ 유명인사와 악수를 하거나 인사를 대신해 키스를 한 꿈은 / 명예 를 얻게 되거나 자기와 관련된 일이 성공적으로 성사됐다는 소식을 듣게 된다.

◇ 어느 집 울타리 안에 있는 과일나무에서 집주인이 과일을 따준 꿈은 / 싱싱하지 않았던 보너스를 받게 되거나 좋은 직장에 취직이 된다.

■ 부록

제1장
복권에 당첨되는 꿈

돼지꿈이나 용꿈 같은 길몽
을 꾸면 행운을 가져다 준다고
하여 억지로 꿈을 꾸려고 해도
꾸어지지 않는 것이 길몽이다.
사람이 꿈을 찾아가는 것이
아니라 길몽이 사람을 찾아
오기 때문이다.

* 큰 돼지가 나를 잡아먹으려고 마구 덤벼들
어 싸워서 이기는 꿈.
☞ 복권을 사라. 큰 돼지일수록 당첨금이 크다.

* 돼지들이 지붕 위에서 난리를 쳐서 집이 흔
들리는 꿈.
☞ 횡재를 하는 꿈이니 복권을 사라.

* 큰 돼지가 대문을 열고 집으로 들어오는 꿈.
☞ 집안에 경사가 생기는 일이니 복권을 사라.

* 돼지가 새끼를 낳는 꿈.
☞ 복권을 사라. 돼지수가 많거나 어미돼지가
클수록 당첨금의 액수가 높다.

* 돼지에게 먹이를 주었더니 다 먹고 난 후 우
리 안으로 다시 들어가는 꿈.
　☞ 복권에 당첨될 꿈이다, 1등에서 번호 하나
　　가 틀린다.

* 조상들이 자주 나타나는 꿈.
　☞ 복권을 사면 행운이 온다.

* 돌아가신 할머니의 모습이 뚜렷이 보이는
꿈.
　☞ 조상의 행운이 찾아온다. 복권을 사라.

* 부처가 나타나서 어떤 말을 한다.
　☞ 정성이 지극한 사람에게 행운이 찾아오니
　　복권을 사라.

* 잘자란 무가 집안에 가득차 있는 꿈.

☞ 틀림없는 1등 당첨이니 복권을 사라.

* 똥을 온몸에 뒤집어 쓰는 꿈.

☞ 재물을 얻는 꿈이다, 복권을 사면 좋은 소
식이 있다.

* 똥을 손으로 만지며 좋아한다.

☞ 재물을 얻는 꿈이니, 복권을 사면 좋은 결
과가 있을 것이다.

*** 집에 불이나서 하나도 남김없이 다 타버렸
다.**

☞ 근심걱정이 사라지고 행운과 재물을 얻는
꿈이니 복권을 사라.

* 예수가 나타나는 꿈.

☞ 예수, 석가, 신선 등이 나타나면 좋은 것이
니 복권을 사라.

* 용이 하늘로 올라가는 꿈.

☞ 태몽일 경우도 있으나, 횡재수일 때도 있으
니 복권을 사라.

* 땅을 파는데 돈이 쏟아져 나오더니 나중에는 시체가 불쑥 튀어 나오는 꿈.

☞ 시체가 보여 좋지 않은 꿈이라고 생각할 수
있으나, 횡재수이니 복권을 사라.

* 호랑이에게 물리는 꿈.

☞ 커다란 행운이 오니 복권을 사라.

〈 자료제공 주택은행 〉

꿈으로 당첨된 복권

복권의 1등 당첨자들 중에서 구입동기가 가장 많은 것이 꿈이 좋았기 때문이었다. 꿈 중에서도 돼지꿈이 가장 많고 용꿈, 조상꿈, 불꿈 등의 순서로 나타났다.

이 이야기는 실제로 1등에 당첨된 사람들의 실화이다.

지극한 아들의 효성에 하늘도 감동
— 커다란 돼지가 집안으로 들어온 꿈을 꾼 경우

서울에 사는 서인봉 씨(30세, 가명)는 어려서 부친을 잃고 홀어머니와 함께 단 둘이서만 살고 있었다.

어머니의 직장 생활로 어렵게 대학을 들어가게 되었으나, 대학 3학년 때 어머니가 갑작스런 병으로 눕게 되었다.

어머니의 병원비 마련을 위해 막노동판에서 일을 했지만 비싼 병원비를 감당할 수 없어 집까지 팔게 되었고 어머니의 병을 고치기 위해 전세방에서 삭월세 방으로 옮겨 다니며 전국의 이름난 병원과 의원을 찾아 치료하기를 6년.

그 동안 쓴 약과 치료가 효과가 있어서인지 병환에 차도가 있어 통근치료를 받기로 하고 퇴원을 하기로 한 날.

그날 저녁 병원에서 쪼그리고 잠을 자는데 커다란 돼지가 집으로 불쑥 들어오는 꿈을 꾸었다. 서인봉 씨는 혹 내일의 퇴원비가 준비한 것보다 많이 나올까 걱정이 되었다.

그러나 다행히 퇴원수속을 밟고 집에 가는 토큰을 두 개 사고 나니 달랑 5백원이 남았다.

그가 '혹시나' 하는 마음으로 복권을 산 것이 1등에 당첨되는 행운을 가져다 주었다. 아들의 지극한 효성에 하늘이 감동한 것일까(?)

평생 남의 집만 짓다가 잡은 내집의 행운
― 돌아가신 할머니의 뚜렷한 모습을 본 꿈

하열종 씨(57세, 가명)는 평생을 건설현장에서 일을 해온 사람인데, 수 십 년을 남의 집만 지어 주고 정작 자신의 집은 한 칸도 없이 살고 있었다.

하열종 씨는 매주 복권을 꼭 두 장씩을 샀다. 그것은 하루아침에 일확천금을 잡겠다는 마음이 아니라 자신처럼 집이 없는 사람에게 도움도 주고 또한 행운(?)도 기대해 보는 마음에서 였다.

피곤한 하루일을 끝내고 막걸리를 한 잔 걸치고 집으로 돌아오다 자신이 지은 수십 층짜리 집들을 바라다보며 주머니속에 부적처럼 숨겨 놓은 복권을 생각하면 괜한 뿌듯함에 늘 기분이 좋았다.

그런 어느날 꿈 속에 돌아가신 할머니의 모습이 생시와 똑같이 뚜렷하게 보여 복권을 살 때 평소보다 많은 6장을 산 것에서 1등에 당첨이 되었다.

노총각 벗는 꿈인줄 알았는데
― 무가 집안에 가득한 꿈

　　개인 사업을 하는 홍기열 씨(36세, 가명)는 나이가 서른 여섯이 되었는데도 결혼을 하지 못해 부모님의 성화를 받는게 이만저만이 아니었다.

　　사랑하는 사람이 없었던 것은 아니었지만 첫사랑은 기억 속으로 아련하게 멀어져가고 사업에 매달리다보니 혼기를 놓친 것이었다.

　　그러던 어느날, 꿈을 꾸었는데 집안에 잘자란 무가 가득한 것이었다. 개꿈이거니 했는데 계속적으로 3일간이나 똑같은 꿈을 꾸어 '이번에는 장가를 가게 되나보다'라고 생각하게 되었다.

　　홍기열 씨의 사업장 앞에는 복권판매소가 있는데 취미삼아 잔돈이 있는대로 구입을 한 것이 행운을 가져 왔다.

　　행운을 잡은 홍기열 씨는 "장가가는 꿈인 줄 알고 좋아했는데……."라며 좋은 꿈이 연장되길 바랬다.

하늘이 무너져도 솟아날 구멍이 있다.
— 꿈속에서 만난 부처님

물려받은 재산도 없고 특별히 모아놓은 돈도 없이 평범한 직장생활을 하면서 살다가, 어느날 갑자기 직장을 잃게 된다면 그때의 심정은 당해보지 않은 사람은 모를 것이다.

더구나 지병을 얻어 다른 일도 못하게 된다면 하늘이 무너지고 눈앞이 캄캄하여 깊은 절망에 빠질 것이다.

김소일 씨(43세, 가명)가 이런 경우에 해당된다.

작은 중소기업에서 묵묵히 일을 하여 다섯 식구가 어려운 살림이었지만 단란하게 살고 있었다. 그러던 어느날 갑자기 중풍으로 쓰러지게 되었다.

손발이 마비가 되어 거동도 못하게 되자 직장에 사표를 내고 퇴직할 때 받은 돈으로 치료를 받았으나 별 효과가 없었다. 병이 깊어지자 친구나 친척들의 방문도 뜸해지고 가정형편은 더욱 어려워져 아내가 날품팔이로 나서야 했다.

5년을 앓고서야 지팡이를 짚고 겨우 걸을 수 있게 되었을 때 김소일 씨의 유일한 낙은 버스정류장에서 일을 끝내고 돌아오는 아내를 기다리는 일이었다.

토큰 판매소에 진열된 복권을 보며 "저거 한장 사서 당첨만 되면…"하는 생각이 늘 들었지만 복권을 살 돈보다 당장 쓰기에도 한 푼이 급했다.

그러던 어느던 꿈에 부처님이 나타나서 '네 병을 고쳐주고 가족들도 잘살게 하여 줄터이니 걱정하지 말아라.'라며 생시처럼 말을 하는 것이었다.

너무나 꿈이 기이하여 아내에게 돈을 얻어 복권을 산 것
이 1등의 행운을 가져다 주었다.

20여 년 동안 빠지지 않고 복권을 샀더니
― 조상의 꿈을 꾼 경우

인천에 사는 장우현 씨(60세, 가명)는 20여 년 동안 한 주
도 빠지지 않고 복권을 수집해온 복권 수집가.

정년 퇴직을 앞둔 어느날부터 꿈속에 자꾸 조상들의 모
습이 나타나서 혹시 조상들을 잘못 모셔서 그런가하여 절
을 찾아가 불공을 드리기도 했다.

그러다가 매주 사던 복권 중에서 조상의 꿈을 꾸고 산 것
이 1등에 당첨 된 것이었다. 20여 년동안 꾸준히 복권을
수집했으니 복권 조상이 도운게 아닌가(?)

〈 자료제공 주택은행 〉

제 2장
꿈의 상징 의미 풀이

꿈은 단순하게 무엇은 무엇이라고 단정지을 수는 없다. 같은 동물의 꿈이라고 할지라도 색깔, 크기, 동작 등에 따라서 풀이가 달라지는 것이다.

꿈 속에서 나타나는 사물들은 모두 상징을 내포하고 있기 때문이다. 여기서는 알기 쉽고 이해하기 쉽게 그 사물이 나타내는 상징에 대해 풀이했음을 밝혀둔다.

* 귀

귀는 소식통, 통신기관, 연락처, 실시기관, 사람의 운세, 인격 등을 상징한다.

* 코

코는 감식, 검토, 심사, 탐지, 의지력, 품격, 자존심을 상징한다.

* 혀

혀는 주모자, 조종사, 운반수단, 방도, 심의기관, 의결권을 상징한다.

* 이

이는 가족, 일가친척, 지원, 관청직원, 권력, 조직, 거세 등을 상징한다.

＊ 털

털은 협조, 수명, 정력, 인품, 자만심, 조심거리, 흉계를
상징한다.

＊ 머리

머리는 우두머리, 상충부, 영수, 수부(首府), 두목, 시조,
수뇌부, 통제부, 정신을 상징한다.

＊ 목

목은 사업체의 연결부이며 생명선, 분기점, 거래처, 위
탁소, 공급처, 언론기관 등을 상징한다.

＊ 어깨

어깨는 세력권, 영토, 책임, 부서, 지위, 권리, 능력 등을
상징한다.

✽ 가슴

가슴은 마음, 도량, 중심, 중앙부, 기관실, 신분, 세력권
등과 관련된 것을 상징한다.

✽ 젖가슴

젖가슴은 형제 자매와 관계된 우애, 재산, 사업의 매개
체로써 자본의 출처, 정신적인 재원, 소득 분배 등과 관
련된 것을 상징한다.

✽ 배

배는 일의 결과, 기관, 집, 단결, 창고, 저장소, 빈부, 창
의성, 욕구충족을 상징한다.

✽ 남자의 성기

남자의 성기는 자식, 작품, 자존심, 공격심, 창의성, 법
도, 생산기관 등을 상징한다.

* 동물의 성기

동물의 성기는 사람과 동일시하거나 일거리와 관련된 것을 상징한다.

* 엉덩이

엉덩이는 배후인, 보증인, 물건의 밑바닥, 선정적인 사건 등을 상징한다.

* 항문

항문은 뒷문, 암거래, 배설구, 은닉처 등과 관련된 것을 상징한다.

* 팔, 손

팔과 손은 힘, 세력, 권리, 욕심, 수하자, 협조자, 형제, 단체, 능력 등을 상징한다.

* 다리

다리는 지류(支流), 의지가 되는 자손, 직속부하, 산하 단체, 세력, 업적, 행적, 힘, 권리 등을 상징한다.

* 발

발은 일가친척, 분열된 세력, 종적, 업적, 지파, 부하, 단체 등을 상징한다.

* 알몸

알몸은 신분, 협조자, 위험, 공포, 노출, 폭로, 유혹, 과시 등을 상징한다.

* 똥

똥은 관념의 분비, 감정의 불쾌함과 유쾌함, 암거래, 소문거리, 부정물, 재물, 돈, 작품 등을 상징한다.

* 오줌

오줌은 질식된 관념의 분비, 정신적·물질적인 재물, 소원의 경향 등과 관련된 것을 상징한다.

* 정액

일의 성과, 정신적·물질적 유산, 정력, 시비거리 등을 상징한다.

* 콧물

콧물은 사상이나 지식과 관련된 것을 상징한다.

* 모유(母乳)

노유는 물질적인 재불을 상징한다.

✳ 피

피는 진리, 교리, 물질적인 손실, 기회, 감화, 해악 등과 관련되는 것을 상징한다.

✳ 술

술은 관청, 기업체, 공장, 백화점, 학원, 연구원 등을 상징한다.

✳ 나무

나무는 인재, 은퇴, 진급, 보호, 협조자, 고용 등과 관련된 것을 상징한다.

✳ 과일

과일은 유산(流産), 몰락, 청탁, 계약, 성과 등과 관련된 것을 상징한다.

* 은행나무

은행나무는 훌륭한 인재, 은행, 기타기관, 사업체를 상
징한다.

* 자두, 살구 같은 작은 과일

작은 과일은 일의 성과, 재물, 키스나 성교, 여아에 관
한 태몽 등을 상징한다.

* 꽃

꽃은 기쁨, 경사, 영광, 명예, 여인, 애정, 성공의 과시
등을 상징한다.

* 잡초

잡초는 쓸모없는 일거리, 방해적인 여건과 관련된 것을
상징한다.

＊ 해조류

미역, 김, 파래 같은 해조류는 재물과 관련된 것을 상징
한다.

＊ 곡식

쌀, 보리, 밀, 콩, 팥, 수수, 조, 메밀, 옥수수, 깨 등의 곡
식은 정신적·물질적인 재물, 작품 등을 상징한다.

＊ 씨앗

씨앗은 인적자원, 정신적 또는 물질적 자원이나 자본금
을 상징한다.

＊ 쌀

쌀은 일거리, 작품, 재물, 돈, 정성을 드리는 일, 면학,
노력 등을 상징한다.

✻ 특용작물

아주까리, 해바라기, 담배, 들깨 등은 작물의 성장과정
과 관련되어 암시가 있으며 재물, 성과, 작품 사건 등과
관련된 것을 상징한다.

✻ 콩

콩은 작품, 사업의 성과, 재물 등을 상징한다.

✻ 사람

꿈 속에 등장하는 사람은 매우 상징적이어서 성(性)이
반대일 경우도 있고 사실 그대로 나타날 수도 있으며
자신의 미래를 표시하기도 한다.

✻ 갓난아이

갓난아이는 창작물, 일거리, 성기, 상업, 근신 등을 상
징한다.

* 노인

존경하는 사람, 학식이 많은 사람, 오래된 일, 노후되고
사그라지는 일 등을 상징한다.

* 가족

가족은 실제 인물, 직장의 동료, 기관의 내부일 등을 상
징한다.

* 아버지

아버지는 실제와 동일시하거나, 직장의 상사, 선생, 존
경의 대상이 되는 인물 등을 상징한다.

* 어머니

어머니는 실제 인물과 동일시하거나, 친밀한 대상자,
은인, 스승, 협조자 등을 상징한다.

* 누나, 동생

누나와 동생은 동업자, 동료, 애인, 부부 등과 관련된 것을 상징한다.

* 딸, 아들, 조카

실제 인물이거나, 작품이나 일거리를 상징한다.

* 처가집이나 친정집

실제의 처가집 식구나 친정집 식구와 동일시하며 거래처, 산부인과, 청탁과 관련된 것을 상징한다.

* 조상

조상은 형제, 협조자 등을 나타내는데 실제 살았을 당시에 받았던 것과 비슷하다.
관계가 좋았다면 협조자이고 좋지 않은 사이였다면 빙해자이다.

* 친구

친구는 실제 인물이거나 애완구, 책, 일거리, 작품, 동
업자 등을 상징한다.

* 대통령

대통령은 정부, 기관장, 사장, 지도자, 목사, 아버지, 명
예, 권리 등과 관련되어 영광을 나타내는 것을 상징한
다.

* 장관

장관은 부서의 장, 회사의 장 같은 우두머리를 상징한
다.

* 경찰관

경찰관은 신문기자, 심사관, 군인, 법률, 양심, 정의 등
을 상징한다.

✻ 신문기자

신문기자는 탐정, 형사, 정보원, 상담인 등을 상징한다.

✻ 교사, 교수

실제 인물이거나, 은인, 협조자, 감독관, 목사, 교양서
적, 백과사전 등과 관련된 것을 상징한다.

✻ 의사

실제 인물, 형사, 목사, 상담자, 협조자 등의 인물과 동
일시한다.

✻ 배우

자기 아닌 또 다른 자아, 대리인, 선전원, 사상, 이념, 작
품, 선전물 등을 상징한다.

* 가수

가수는 선전원, 광고물, TV, 라디오, 문학작품 등과 관련된 것을 상징한다.

* 승려

승려는 기관원, 학자, 추천인, 청부업자, 고독한 사람, 진리탐구자, 연구원 등과 관련된 것을 상징한다.

* 창녀

창녀는 다루기 힘든 사람, 간사한 사람, 술과 안주, 외설적인 잡지 등을 상징한다.

* 도둑

도둑은 강자, 악한, 간첩, 벅찬 일거리, 방해물 등을 상징한다.

✻ 농사꾼

농사꾼은 문필가, 사업가 등과 관련된 것을 상징한다.

✻ 미친사람

미친사람은 충격을 받은 사람, 믿을 수 없는 사람, 병
마, 화재, 재난, 책, 논문 등을 상징한다.

✻ 무당

무당은 중계인, 청부업자, 출판업자, 약장사, 전도사 등
과 관련된 동일인물이나 일을 상징한다.

✻ 물

물을 담은 그릇, 물이 흐르는 지형, 깊고, 얕음, 물의
색깔·형태 등에 따라서 재산, 돈, 사상, 언론, 세력, 사
업체, 소원 충족과 관련된 것을 상징한다.

* 샘물

샘물은 사상, 정신적·물질적 재물, 진리 등을 상징한다.

* 소

소는 집안의 식구, 협조자, 재산, 사업체 등과 관련된 것을 상징한다.

* 백마

백마는 아름다운 사람, 훌륭한 작품, 단체 등과 관련된 것을 상징한다

* 돼지

돼지는 번창, 운수, 돈, 행운, 발견, 재물, 소유 등과 관련된 것을 상징한다.

✱ 개

개는 법관, 경찰관, 경비원, 기자, 저술가, 머슴, 간부, 재물, 전염병, 방해자 등을 상징한다.

✱ 여우

여우는 교활하고 변태적인 사람, 희귀한 일거리, 명예 나 권리 등을 상징한다.

✱ 사슴

사슴은 선량하고 고매한 사람, 선비, 고급관리, 명예, 권세, 영광, 재물을 상징한다.

✱ 너구리

너구리는 음흉하고 교활한 사람, 미운사람, 일거리, 재 물 등을 상징한다.

* 늑대

늑대는 고급관리, 검사, 경찰관, 강력범, 권리, 막강한 힘 등을 상징한다.

* 쥐

쥐는 큰 뜻을 가진 사람, 노력가, 소개자, 회사원, 도적, 비겁자, 일거리, 작품 등과 관련된 것을 상징한다.

* 토끼

토끼는 어질고 착한 사람, 학자, 회사원, 하급관리, 머슴, 식모, 재물, 학업 등을 상징한다.

* 사자, 호랑이

사자와 호랑이는 권세와 명예를 가진 사람, 일거리, 큰 사업체, 사건, 단체, 권리, 성공 등을 상징한다.

✱ 고양이

원숭이와 고양이는 독한 여자, 어린이, 경비원, 감시원, 도둑, 권리, 일거리 등을 상징한다.

✱ 원숭이

원숭이는 성질이 급하고 질투심이 강한 사람, 재주꾼, 배우, 사기꾼, 권리, 행사 등을 상징한다.

✱ 용

용은 권세가, 유명인, 명예, 권좌, 단체의 세력 등을 상징한다.

✱ 코끼리

코끼리는 학자, 귀인, 덕망, 부귀, 업적, 일거리 등을 상징한다.

* 기린

기린은 재주와 지혜가 뛰어난 사람, 재물, 명예, 작품 등을 상징한다.

* 새

새는 재물, 작품, 명예, 흉한 일과 길한 일 등을 상징한다.

* 물고기

물고기는 재물, 돈, 일거리, 사건의 경위, 권리 등을 상징한다.

* 잉어

잉어는 재주있고 처세 잘하는 사람, 예술작품, 재물, 명예, 출세 등과 관련된 것을 상징한다.

✳ 고래

고래는 큰 인물, 권세가, 부자, 협조자, 큰 일, 작품, 재물, 사업체, 권리 등을 상징한다.

✳ 거북

거북은 권력자, 협조자, 길운, 재물, 승리 등을 상징한다.

✳ 개구리

개구리는 처세 잘하는 사람, 소문 잘내는 사람, 일거리, 재물 등을 상징한다.

✳ 나비

나비는 난봉꾼, 팔자가 사나운 여자를 상징한다.

✳ 파리

방해적인 사람, 사건, 방해물, 걱정거리, 선전물 등을
상징한다.

✳ 지네

지네는 재벌가, 권력가, 은둔자, 재물, 돈, 산하단체, 부
하세력 등을 상징한다.

✳ 색깔

꿈 속에서 색깔은 천연색으로 나타나는 것이 보통이나
인상깊은 색깔이 기억에 남지 않아서 흑백처럼 여겨진
다.

✳ 시간

꿈 속에서 나타나는 시간은 미래를 예지하는 매우 상징
적인 것이어서 암시되는 것을 정확하게 해석하기가 쉽
지 않다.
다만, 정확하게 시기와 시간이 나타나는 것은 징획힌
예시로 풀이하면 된다.

✱ 죽음

죽는다는 것은 지금까지 관심을 가지고 있던 일, 벅찬 일, 성취해야만 될 일 등이 이루어짐을 상징한다.

✱ 송장

송장은 비밀스러운 일, 거추장스러운 일, 부채, 증거물 등을 상징한다.

✱ 무덤

무덤은 협조기관, 은행, 금고, 학원, 비밀장소, 집, 사업체, 협조자 등을 상징한다.

✱ 돈

돈은 인력, 논, 가치, 사연, 편지, 증서, 사건 등을 상징한다.

＊ 돈증서

돈증서는 실물이 아니면 약속, 계약, 명령, 권리이양,
선전물과 관련된 것을 상징한다.

＊ 하나님

하나님은 양심, 진리, 우주법칙, 대자연의 섭리, 군주,
통치자, 성직자, 백성, 은인, 부모, 절대적인 힘을 가진
사람과 관련된 것을 상징한다.

＊ 성모마리아

성모마리아는 은혜롭고 자혜로운 사람, 어머니, 애인,
위대한 학자 등과 동일한 인물이나 감동적인 예술작품
을 상징한다.

＊ 산신령

산신령은 학원장, 기관장, 또 하나의 자아와 관련된 것
을 상징한다.

✻ 불상

불상은 위대한 사람이 남긴 업적을 상징한다.

✻ 선녀

선녀는 고급관리, 중신, 비서, 학자, 수제자, 배우, 여류
작가 등과 동일시되며 인기있고 선풍적인 사업이나 작
품을 상징한다.

✻ 역사적인 인물

역사적인 인물은 인격, 지위, 권세, 명예, 업적, 일, 작품
등을 상징한다.

✻ 도깨비, 유령, 귀신

이것은 잠재의식 속에서 표출된 것으로 악한, 힘는 일,
병마, 정신적 고통 등을 상징한다.

* 양말, 스타킹, 버선

양말·스타킹·버선은 보호자, 협조자, 협조기관, 이력, 행적, 내력, 여행권 등을 상징한다.

* 호주머니

호주머니는 금고, 창고, 집, 그릇, 기관, 연고지 등을 상징한다.

* 장갑

장갑은 단체, 형제, 수하자, 수단, 능력 등의 일을 보호하고 은폐하며, 어떤 계약 사항을 수행할 일과 관련된 것을 상징한다.

* 바늘

바늘은 통찰력, 자극, 선도자, 평가와 관련된 것을 상징한다.

* 모자

모자는 협조자, 윗사람, 명예, 권세, 계급, 보호자의 집,
직업, 신분증 등과 관련된 것을 상징한다.

* 안경

안경은 지위, 협조자, 투시력, 지혜, 통찰력, 권리, 명예,
선전, 과장, 위장 등의 일을 상징한다.

* 지갑

지갑은 권리, 신문, 회사, 집 등을 상징한다.

* 손수건

손수건은 충복, 수하사, 협조자, 계약서, 보증서 등을
상징한다.

* 가방, 핸드백

가방종류는 가정, 집, 직장, 협조자, 기관, 사업기반, 자금출처, 고달픈 일거리 등을 상징한다.

* 담배

담배는 정신적, 물질적인 재물, 돈, 지위, 직위, 신분, 운세 등과 관련된 것을 상징한다.

* 거울

거울은 협조자, 협조기관, 소식통, TV, 중계인, 애인, 신분, 신분증, 마음, 영감 등을 상징한다.

* 책

책은 정신, 스승, 교리, 진리, 지침 등을 상징하며 책에 쓰여진 문구는 예언의 암시이다.

✳ 문서

문서는 청구서, 욕구불만, 책임전가, 명령서, 임명장 등
을 상징한다.

✳ 기차표

기차표는 신분보장, 권리, 임관증명서 등을 상징한다.

✳ 상표

상표는 그 상표에 붙여진 문자, 도안 기호 등과 어울려
서 상징적인 의미를 갖는다.

✳ 도장

도장은 대리, 직권, 명예, 권리, 신분, 결정, 사명, 명령,
과시 등과 관련된 것을 상징한다.

* 불

불은 사업, 자본, 일의 성공, 흥망성쇠, 소원성취, 욕, 정
세력, 열정, 진리 등을 상징한다.

* 빛

빛은 영광, 광명, 희망, 계몽, 교화, 명예, 세력, 진리, 소
식, 명절, 통찰, 자극, 생기, 정력 등을 상징한다.

* 열

열은 자본, 힘, 권세, 열성, 정성, 애정, 자비, 변화 등을
상징한다.

* 그림자

그림자는 허무한 것, 거짓된 것, 영향력, 정체불명의 것
등을 상징한다.

✱ 운동경기

꿈에서의 운동경기는 정신적 갈등, 사업의 성패, 이데
올로기의 선택, 전쟁의 전망 등을 상징한다.

✱ 소리

소리는 소식, 소문, 명성, 경고, 감동 등을 상징한다.

✱ 노래

꿈 속에서 노래 하는 것은 감정의 호소, 사상, 명성, 선
전에 관련된 것을 상징한다.

✱ 기차

기차는 집단세력, 기관, 회사, 집단의 지도사 등과 관련
된 것을 싱징한나.

* 버스

버스는 공공단체, 기업체, 집회, 직장, 권력기관 등을
상징한다.

* 소방차

소방차는 세관, 세무서, 병원, 군대, 경찰 등의 권력기
관을 상징한다.

* 비행기

비행기는 공공단체, 세력기관, 회사, 사업체, 소원의 충
족, 공격성향 등을 상징한다.

* 배

배는 기관, 사업체, 단체, 회사, 가정, 연락기관, 운송수
단, 병력 등을 상징한다.

✳ 군함

군함은 정당, 권력기관, 사회단체, 사업체, 회사, 법규, 이념, 학설, 권세 등을 상징한다.

✳ 편지

편지는 통지서, 명령서, 관보, 입장권, 여권, 소개장, 보증서 등과 관련된 것을 상징한다.

✳ 병(질병)

꿈 속에서의 병은 정신적인 문제, 자기의 이력, 업적과 관련된 일, 악습, 결점, 사상의 전파, 정신적인 감화 등을 상징한다.

✳ 치료약

약은 능력, 자본, 성과, 영향, 임무 등을 상징한나.

* 하늘

하늘은 넓은 세계, 깊은 진리, 남다른 도덕, 운세, 윤리, 각 기관이나 집단의 장, 사회기반 등을 상징한다.

* 해

해는 국가, 국토, 왕, 대통령, 통치자, 위대한 인물, 유명인, 위대한 업적, 개척자, 진리, 권세, 명예, 사업체 등을 상징한다.

* 달

달은 계몽적인 사업체, 기관, 권리, 일거리, 작품, 명예, 권력자, 유명인, 안내자, 왕비, 어머니, 애인, 친구, 여성 등을 상징한다.

* 별

별은 희망, 권리, 진리, 유명인, 권력자, 지도자, 친구, 명예, 업적, 작품, 사업 등을 상징한다.

* 바람

바람은 거센마음, 정력, 시세, 능력, 유행성, 파괴력, 압력 등을 상징한다.

* 벼락, 번개, 뇌성

이것은 사회적 현상으로 위대한 사상, 위대한 일, 명성, 초능력, 위험, 놀람, 판정, 평가, 소원의 경향 등을 상징한다.

* 무지개

무지개는 길하고 경사스럽고 명예로운 일, 인가, 신용, 결혼, 경사, 결연, 과시 등의 일을 상징한다.

* 키스

키스는 고백, 자백, 결혼승락, 기쁜소식, 굴복, 용서, 소식, 불만, 미수, 심적 갈등 등과 관련된 것을 상징한다.

* 음식

음식은 그 음식의 상태, 먹는 방법 등에 따라서 그것이
상징하는 의미가 달라진다.

* 음식물 재료

음식물 재료는 정신적 또는 물질적인 재물, 일거리, 작
품, 사업성과 등을 상징한다.

* 통조림

통조림은 완성된 일거리, 작품, 학문적 자료, 재물 등을
상징한다.

* 흙

흙은 흙덩이, 흙구덩이, 또는 한정된 지표면으로 구분
해서 꿈의 상징 재료가 되는데, 정신적 또는 물질석인
자료, 재물, 사업기반, 세력판도, 영토 등을 상징한다.

✳ 동굴

동굴은 어떤기관, 학교, 연구원 등을 상징한다.

✳ 구리, 놋쇠, 철, 주석, 아연, 등의 금속

이런 금속은 각각의 성질, 재료적 가치, 완제품, 가공품
등의 용도, 명칭, 형태에 따라서 상징하는 의미가 달라
진다.

✳ 목욕탕

목욕탕은 변소와 마찬가지로 성욕, 물욕, 명예욕 등을
해소시키고 소원을 충족시키는 기관, 사업장 등을 상징
한다.

✳ 시청 같은 행정부의 관청

서로의 바꿔 놓기이며 권력기구, 통제부, 언론기관 등
과 관련된 것을 상징한다.

＊ 은행

은행은 우체국, 학교, 잡지사, 출판사, 특허국, 기타 정신적·물질적인 일거리를 위탁한 기관, 회사 등을 상징한다.

＊ 절(寺)

절은 교회와 비슷하게 해석되며 학원, 연구원, 수도원, 기관, 회사, 단체, 교도소, 정신병원 등을 상징한다.

＊ 보석상

보석상은 고급관청, 연구기관, 회사, 심사기관 등을 상징한다.

＊ 사당이나 종묘

사당과 종묘는 권력기관, 정치단체, 종료단체, 업적 등을 상징한다.

제5장

태   몽

아이를 가진 여자는 대부분 태몽을 꾼다. 보통 임산부가 꾸지만, 가까운 사람들—남편, 시부모, 친정부모나 간혹 친구나 이웃사람이 태몽을 꾸어 주기도 한다.

태몽에서 등장하는 사물은 정해진 것이 없는데 그 사물의 종류에 따라서 아들과 딸을 예시한다.

일반적으로 남성적인것—호랑이, 용, 돼지, 큰 구렁이, 잉어, 자라 등이나 남자의 성기를 상징하는 물건인 빨간고추, 가지, 무, 고구마, 인삼 등은 아들을 상징한다.

딸은 곱고 섬세하고 여성적인것—실뱀, 호박, 꽃반지, 대추, 청룡, 금가락지 등이다.

그러나 똑같은 용꿈이라고 해도 용의 색깔이나 움직임 등에 따라서 다른 의미로 해석될 수 있다.

역사적으로 태몽에 얽힌 이야기들을 살펴보면 다음과 같은 것들이 있다.

1536년 신사임당은 동해 바닷가에 서 있는데 살결이 곱고 흰 옥동자를 어떤 선녀가 안고 와서 품에 안겨 주고 사라지는 꿈을 꾸고 낳은 것이 이율곡이었다.

고려말 충신 정몽주는 어머니가 난초 화분을 안고 있는 태몽을 꾸어서 이름을 몽란(夢蘭) 이라고 지었다. 그런데 몽란이 9살 되던 어느날 어머니가 꿈을 꾸었는데 용이 집 안에 있는 배나무에 올라가 있어 놀라 깨어보니 실제로 아들이 배나무에 올라가 있었다. 그래서 이름을 몽주라고 바꾸었다고 한다.

또한 이괄의 난을 평정한 무장 정충신의 꿈 이야기는 태몽의 대표적인 예이다.

어느날 정충신의 부친은 낮잠을 자다가 꿈을 꾸었는데 커다란 산이 무너지는 것이었다.

부친은 길몽이라고 생각하여 부인을 찾았으나 마침 집에 없었다. 할 수 없다고 생각하고 다시 잠을 자는데, 이번에는 용 두 마리가 싸우는 꿈을 꾸었다. 그래서 다시 부인을 을 찾았으나 아직 밖에서 돌아오지 않고 있었다. 그러다가 다시 잠이 들었는데 이번에는 호랑이 한 마리가 자신에게로 달려드는 꿈이었다.

길몽을 세 번씩이나 같은날 꾸는 것이 하도 이상하여 곰곰이 생각해보니 반드시 큰 인물을 얻을 꿈이었다. 그러나 그때까지 부인은 돌아오지 않고 있었다. 다시는 꾸지 못할 길몽이라고 생각하여 계집종과 동침을 하니 열달 뒤에 태어나 아이가 정충신 장군이었다고 한다.

* **가리나무 한 짐을 긁어다 놓으니 그 속에서 많은 조개가 나오는 태몽.**

  풀이 : 장차 태어나는 아이가 생산업이나 창의력으로 많은 돈을 벌 것을 예시하는 꿈이다.

* **노송 밑에 동물이 있는 꿈.**

  풀이 : 태아가 장차 큰 기관의 관리가 되거나, 지조있고 충의로운 사람이 된다.

* **꽃이 만발한 아카시아 나무 아래를 걸어가는 꿈.**

  풀이 : 태아가 장차 명예로운 성공을 거두어 부귀를 얻을 것을 암시한다.

* **산 중턱에서 과일을 따온 태몽.**

  풀이 : 태아의 장래는 중년이 되어야 운세가 호전되어 일의 성취를 보게 된다.

* 나무 중간에 열린 과일을 딴 태몽.
풀이 : 아이가 장차 중산급 이상의 부귀를 누린
        다.

* 과일을 많이 따오는 태몽.
풀이 : 태아가 장래에 많은 사업성과를 얻거나
        많은 부하를 거느릴 사람이다.

* 과일을 먹는 태몽.
풀이 : 태아가 유산이 되거나, 통채로 삼킨 꿈이
        라면 권세나 명예를 얻을 것이다.

* 과일이 세개 달린 가지를 꺽어온 태몽.
풀이 : 삼 형제를 두거나 한 사람이 세 가지 사업
        을 하여 좋은 성과를 거둘 것이다.

* 두 개의 과일 중 한 개를 허리춤에 넣고 한 개는 손에 든 노인의 꿈.

    풀이 : 같은 해 친손자와 외손자가 함께 태어날 것을 예시한 꿈이다.

* 밤알을 운반하기 벅찰 정도로 많이 가져오는 꿈.

    풀이 : 태아가 장차 부귀를 얻을 것이며, 돈을 넉넉하게 가질 것이다.

* 배를 따온 태몽.

    풀이 : 마음이 넓은 아들을 낳고, 많이 따오면 태아가 장차 부자가 된다.

* 붉게 익은 사과 두, 세 개를 따오는 꿈.

    풀이 : 태아가 세 가지 직업을 통해 성과를 얻을 것이다.

* 꽃 한 송이가 피어 있는 옆에서 갈대를 베다
잘못하여 그 꽃까지 베어버린 꿈.
   풀이 : 첫 딸을 낳고 둘째는 아들을 낳았으나 딸
   이 죽을 것을 예시한다.

* 꽃을 꺾어 든 태몽.
   풀이 : 남녀 성별에 구애됨이 없이 태아가 장차
   명예와 업적을 얻게 됨을 예시하는 꿈.

* 한, 두 개의 꽃을 꺾는 태몽.
   풀이 : 딸을 둘 낳기 쉬우며, 자매가 아닐 경우에
   는 두 가지의 명예를 얻는다.

* 광주리에 붉은 고추를 따오는 꿈.
   풀이 : 태아가 장차 사업, 작품 등으로 재물을 얻
   어 부자가 된다.

* 누렇게 벼가 익은 들에 세워놓은 허수아비
를 흔드는 태몽.
풀이 : 태아가 장차 일류 화가로 출세할 것이다.

* 신령적인 존재가 어린애를 데려다 주거나
저절로 나타난 것을 맞이하는 꿈.
풀이 : 태아가 장성하여 학문적인 업적을 남길
것이다.

* 중이 문전에서 염불하는 태몽.
풀이 : 태아가 장차 학문연구를 할 것이고, 꽹과
리를 두두리면 무관으로 출세한다. 단,
중에게 시주를 해야한다.

* 남보다 먼저 가서 나중에 물을 뜬 태몽.
풀이 : 태아가 사회진출을 하지만 늦게 출세할
사람이다.

* **구렁이, 용, 독수리같은 동물이 깊은 우물에서 나오는 태몽.**

  풀이 : 태아가 성장하여 정부기관에서 일하거나 사회적으로 크게 출세한다.

* **물이 방안에 가득하여 물고기가 노는 것을 본 태몽.**

  풀이 : 사상가, 문학가, 실업가가 된다.

* **해일을 본 태몽.**

  풀이 : 태아가 장차 큰 권세를 행사하거나 문학으로 이름을 남긴다.

* **황소 세 마리가 매어져 있는 것을 본 태몽.**

  풀이 : 아들 셋을 낳을 것이며, 그 자식들이 모두 자수성가한 인물이 된다.

* **누런 암소가 검정 송아지를 낳는 태몽.**
  풀이 : 아이가 장차 속을 썩이게 되며 모자가 이
        별할 수이다.

* **두 마리의 새끼 호랑이를 단번에 안은 태몽.**
  풀이 : 연년생인 형제를 두며 그들이 장차 높은
        관직에 오른다.

* **큰 구렁이에 물린 태몽.**
  풀이 : 큰 인물이 될 아이를 잉태한다.

* **치마 속으로 뱀이 들어오는 꿈.**
  풀이 : 새빨간 뱀이면 정열적인 사내아이를 낳을
        것이다.

* 큰 구렁이와 관계하는 꿈.

풀이 : 재주가 뛰어나고 명성을 떨치는 작가, 정
　　　치가가 되는 여자를 낳는다.

* 뱀을 난도질하자 하반신에 피가 나며 사람으로 변하는 꿈.

풀이 : 딸을 낳을 꿈이며 중년에 깊은 병이 들어
　　　하반신 마비를 가져오거나 덕행을 쌓아
　　　칭송을 받는 여자가 될 것이다.

* 공동 우물에서 큰 구렁이나 그 밑에서 득실거리는 지네를 본 태몽.

풀이 : 태아가 장차 사회사업가가 될 것이다.

* 산정에서 청구렁이가 몸체를 아래로 늘어뜨린 것을 본 꿈.

풀이 : 태아가 장차 사회단체나 기관의 우두머리
　　　가 될 것이나.

* **큰 구렁이가 용마루로 들어가는 것을 본 꿈.**
  풀이 : 태아가 장성하여 단체나 기관의 우두머리
  　　　가 되거나 외국유학을 가게 된다.

* **뱀이 길에서 우굴거리는 것을 보는 꿈.**
  풀이 : 태아가 학자나 지도자, 교육자가 될 것이
  　　　다.

* **물에서 나온 금잉어가 구렁이가 되더니 다
  시 용이 되어 구름속에서 불덩이 두 개를 떨
  어뜨린 꿈.**
  풀이 : 태아가 장차 크게 성공하여 세상을 놀라
  　　　게 하고 세상사람들에게 감화를 줄 업적
  　　　을 남길 것이다.

* **용의 머리를 개펄에서 캐낸 꿈.**
  풀이 : 태아가 세인의 우두머리가 되거나 권세를
  　　　얻게 될 것이다.

* 비둘기에 대한 태몽.

풀이 : 성품이 어질고 착하며 사회봉사를 할 수 있는 여인, 곧 간호사, 여선생, 여의사 등 평화적인 일을 할 딸이 태어난다.

* 수많은 갈매기가 자신을 둘러싼 태몽.

풀이 : 태아가 자라서 입신양명했을 때 이를 시기하는 사람이 많이 나타날 것을 예시한다.

* 한 마리의 철새가 방에 들어 오거나 품에 드는 태몽.

풀이 : 평범하게 살 딸을 낳는다.

* 창 밖에서 참새떼가 지저귀는데 그 중 한 마리가 방으로 들어온 것을 잡는 꿈.

풀이 : 태아가 음악인이나 인기인이 된다.

*** 한 마리의 붕어를 손으로 잡아 두 팔로 안고
온 꿈.**
풀이 : 장차 저술가가 될 아이를 낳는다.

* 형형색색인 물고기를 치마로 받는꿈.
풀이 : 인기작품을 쓰거나 인기인이 되어 사회적
으로 유명인이 될 아이를 낳는다.

* 어항 속의 금붕어를 관찰하는 꿈.
풀이 : 예술가로서 성공하거나 많은 여직공을 거
느리는 기업인이 될 아이를 낳는다.

* 거북을 타거나 접촉하는 태몽.
풀이 : 태아가 장차 정당의 당수, 통치사, 기관장
으로 부귀를 누리고 세력이 당당한 사람
이 된다.

* 상어와 관계되는 태몽.
풀이 : 태아가 장차 고급관리나 세도가가 될 것
　　　이다.

* 인어를 붙잡아온 태몽.
풀이 : 태아가 장차 인기인이나 인가작가 또는
　　　종교인이 될 것이다.

* 계곡에서 새빨간 나비가 나는 것을 본 태몽.
풀이 : 태아가 정치인이나 관리로 출세한다.

* 날으는 곤충을 본 꿈.
풀이 : 태아가 인기인이 되지 않으면 단명하니
　　　연예인의 길이 있으면 터주는 것이 좋다.

* 누에와 비슷한 투명한 초록색의 벌레가 부
  엌에서 자신을 따라다니는 꿈.
  풀이 : 태아가 성장하여 정치가나 사업가로 출세
         하고, 심성이 착하여 부모에게도 지극한
         효도를 할 것이다.

* 금불상을 얻은 태몽.
  풀이 : 위대한 정신적 사업체나 업적을 남길 것
         이며 진리를 전하는 사람이 될 것이다.

* 황금단추가 여섯 개 있는데 그 중에서 두 개
  만 가진 태몽.
  풀이 : 훌륭하게 될 아기 형제가 있거나 한 사람
         이 작품, 업적, 사업 등에서 두 가지만 성
         공한다.

* 신발을 얻는 태몽.
  풀이 : 태아가 장차 사업체나 사회적인 지위를
         얻고 어떤 업적을 남긴다.

* 금비녀를 얻는 꿈.

풀이 : 태아가 장차 큰 권세나 명예를 얻는다.

* 서적을 얻거나 많은 서적을 가진 태몽.

풀이 : 책 표제가 암시하는 분야에서 학문 연구
에 종사할 아이가 태어난다.

* 신적인 존재가 문서를 가져다 준 태몽.

풀이 : 태아가 학자의 지도를 받아 학문 연구를
하고 그의 후계자가 된다.

* 강에서 해가 떠오르는 것을 보고 다시 보았을 때는 중천에 떠 있었다는 태몽.

풀이 : 모자가 이별을 할 것이나 성공을 한 뒤에
다시 만난다.

* **해를 삼키는 꿈.**
　풀이 : 권세, 명예를 가지거나 업적을 남기게 된
　　　　다.

* **지붕마루에 해가 떨어져 구르는 것을 본 꿈.**
　풀이 : 위대한 작품, 연구 성과 등으로 세상에 알
　　　　려지는 사람이 된다.

* **달이 떨어지거나, 품에 들어오거나, 삼키거
　나, 공중에서 빛나는 것을 보는 꿈.**
　풀이 : 세도가, 사업가, 유명인, 인기인 등이 되거
　　　　나 그와 관련된 것에 종사한다.

* **용이 구름에 올라 뇌성벽력을 치는 태몽.**
　풀이 : 국가나 사회의 지도자가 되고 세상을 계
　　　　몽할 사람이 된다.

* 강물, 기구, 동물, 산을 삼킨 태몽.

풀이 : 물건의 상징의의와 비견하는 사업, 권세, 일거리, 명예 등을 얻는다.

* 금반지를 얻는 태몽.

풀이 : 남녀 관계 없이 훌륭한 직업, 신분, 사업체 등을 소유할 것이다.

* 쌍가락지를 얻는 태몽.

풀이 : 둘째가는 지위에 서거나 두 가지 업종에 종사하게 된다.

꿈해몽법

꿈해몽법
1998년 1월 10일 초판 발행
2024년 12월 01일 16쇄 발행
편저자: 편집부
발행인: 유건희
발행처: 은광사
등록: 제18-71호
공급처: 가나북스
(경기도파주시율곡로1406)
선화. 031 959-8833
팩스: 031-959-8834

정가: 20,000원

*잘못된 책은 교환하여 드립니다.

손가락(手指)경혈요법

자기 몸의 이상을 신속하게 알아내는 비법 !!

인간의 몸에서 모든 내장을 조정하는 것은 뇌이며, 손바닥은 이 뇌와 밀접하게 연결되어 있기 때문에 내장에 이상이 생기면 곧바로 손바닥에 그 신호가 나타난다. 손바닥에는 온몸으로 연결되어 있는 신경이 모여 있어 손바닥에 나타나는 이 이상신호만 잘 파악하면 내장을 지키는 데 아무 문제가 없다. 여기엔 손바닥의 변화와 내장의 관계를 진단하는 방법, 병별에 따라 누구나 손쉽게 예방·치료할 수 있는 비법이 자세하게 소개되어 있다. 갑작스런 두통, 배탈, 설사 등 비상시에 이 손가락 경혈요법을 참고하면 아주 좋은 효과를 얻을 수 있을 것이다.

- 견비통 — 합곡을 강하게 누른다.
- 비 만 — 엄지손가락 밑을 꼬집는다.
- 여드름 — 합곡을 자극한다.
- 위궤양 — 위장점을 자극한다.
- 감 기 — 풍문을 자극하도록 한다.
- 치 통 — 온류를 자극하도록 한다.
- 두 통 — 백회를 자극하도록 한다.
- 차멀미 — 내정을 자극하도록 한다.
- 발바닥 자극으로 뇌졸증을 예방한다.
- 눈의 피로는 발바닥을 두드려서 푼다.

● 야채와 과일을 이용한 가정요법 ●

· 야채와 과일로 병을 고친다?

아무리 튼튼한 몸을 타고 났어도,
아무리 고귀한 약을 마시고 있어도,
일상적인 식생활을 소홀히 해서는
우리의 건강을 유지할 수 없다.
많은 건강식품들이 몸에 좋다는 이유로
팔리고 있지만 식품 속에는 각각의
성질이 있고 장점과 단점이 있어서
그것만으로는 우리몸의 영양을 모두
충족시키기 어렵기 때문이다.
요사이 사람들은 '건강식품'으로
야채와 과일을 많이 이용하고 있는데
그것은 야채와 과일 속에 우리몸에 유용한
많은 것을 함유하고 있기 때문이다.

소화불량

소화가 잘 안되거나
식욕부진엔 **토마토** 쥬스를
1회에 반컵씩 1일
2~3회 마시면 좋다
그러나 대량으로 먹으면
몸을 냉하게 하므로
냉증인 사람에게는 부적당

아름다운 피부

체내의 혈액이나 수분의
대사를 촉진하고 해독하는
작용이 뛰어난 율무는
기미, 건성피부, 여드름의
피부트러블에 좋다.
30 g 정도를 달여서
차대신 마시노록.

＊ 부록 – 야채의 생즙요법.

집이야 타건 말건 바람아 불어라

**입에서 입으로, 몸에서 몸으로 전해오는
5000년 베스트 셀러**

조상들이 남긴 아주 야한 이야기
답답한 세상 막힌 가슴을 시원하게
뚫어주는 지혜의 바람—

사는 것이 즐겁고, 살아가는 가치를
걸쭉한 웃음으로 배운다.

기생, 승려, 하인, 첩, 과부 등이
신분을 떠나 알몸으로 벌이는 인간냄새
물씬나는 사랑방 뒷이야기.
척하고, 체하고, 난 듯하고, 뻐기고, 제지만
뒤집어 보면 냄새나는 세상.
이책에 실린 이야기들은 언제 어디서 누가 읽어도
시원한 삶의 청량제가 될 것이다.

3일만에
재판돌입